中國學術思想

研究輯刊

二二編

林慶彰 主編

第 16 冊

秦漢之際陰陽五行政治思想源流研究
（修訂版）

李國璽 著

花木蘭文化出版社

國家圖書館出版品預行編目資料

秦漢之際陰陽五行政治思想源流研究（修訂版）／李國璽 著
-- 初版 -- 新北市：花木蘭文化出版社，2015〔民 104〕
目 4+142 面；19×26 公分
（中國學術思想研究輯刊 二二編；第 16 冊）
ISBN 978-986-404-373-6（精裝）
1. 中國政治思想 2. 陰陽五行
030.8   104014687

ISBN- 978-986-404-373-6

9 789864 043736

中國學術思想研究輯刊
二二編　第十六冊　　　　　　　ISBN：978-986-404-373-6

秦漢之際陰陽五行政治思想源流研究（修訂版）

作　　　者　李國璽
主　　編　林慶彰
總 編 輯　杜潔祥
副總編輯　楊嘉樂
編　　輯　許郁翎
出　　版　花木蘭文化出版社
社　　長　高小娟
聯絡地址　235 新北市中和區中安街七二號十三樓
　　　　　電話：02-2923-1455／傳眞：02-2923-1452
網　　址　http://www.huamulan.tw 信箱 hml 810518@gmail.com
印　　刷　普羅文化出版廣告事業
封面設計　劉開工作室
初　　版　2015 年 9 月
全書字數　103614 字
定　　價　二二編 22 冊（精裝）新台幣 40,000 元

秦漢之際陰陽五行政治思想源流研究
（修訂版）

李國璽　著

作者簡介

　　李國璽，淡江大學中國文學系學士，中央大學哲學研究所碩士，台灣大學哲學研究所博士。主要研究領域為先秦周易經傳與秦漢陰陽五行。

　　在為學方法上，主張由文字、聲韻、與訓詁等傳統中國語言學方法為主，並結合現代語言研究與語言哲學為輔佐而進行研究；於文獻引證上，則不侷限於以經史子集或是現代學門各種分類加以區別，務求旁徵博引，詳細考察，盡力還原古代思想之內涵與風貌。

　　另外著有《由春秋時期的筮策占斷論易經之詮釋與運用》一書。

提　要

　　本文是以殷周以至秦漢的「陰陽五行」概念之源流及演變作為探討對象，以此一時期之史書、子部諸書、五經為經典資源，檢視「陰陽五行」一詞核心意涵，及其相關之概念。

　　首先是討論商周之際，「五行」一詞概念的起源，由於目前最早的文獻紀錄中，「五行」一詞在《尚書・周書・洪範》僅表示「金木水火土」的物質性意義，即為後世所稱的「五材」。然而在〈洪範〉篇之中，已與「五味」相結合，因此「五行」已不是一個單純的字詞概念，然而及至春秋時期，「五行」擴及至一年之中季節劃分的概念，然而在眾多古籍之前，「五行」是為曆制的概念，迅速地為四季所取代，因此在眾多的古籍之中，「五行」仍然保留其為曆制的看法或類似性敘述。本章主要是先行考證「五行」的本然性意義與「五材」之外，也將「五行」為曆制的觀念作一番探討與辨析，探討時期上自商周之際下至春秋，其主要探討的原始文獻為《尚書》、《大戴禮記・夏小正》等篇章。

　　而「五行」的概念自戰國而至秦漢之際，也開始言及「五星」，而「五星」之所以與「五行」之概念相結合，一方面固然是古代天文學的進步與發展所致，另一方面也與西周末年而至秦漢所提出的「陰陽之氣」與「五行之氣」有所關聯，而「氣」的觀點及至秦漢，已成為古人解釋天地萬物的一個最主要的哲學概念，職此之故，「五行」遂與「五星」相結合，基於古人向來有天地崇拜的自然觀，與效法古代聖王之政治觀，於是將「五行」與「五星」相互連結。

　　再者則是討論「五行無常勝」到「五德相勝」其中概念之相關與差異，並且說明其沿革。也承襲上一章節所言：古人認為「五星聚會」是表示朝代更迭的天文異象作為基礎，而後以《史記》記述之歷史為主要脈絡，與《呂氏春秋》所提出「五行氣勝」的概念，進而討論古代中國對於政權更迭，與古代政治上所謂之三皇五帝、三王五霸聖人政治觀等演變，並如何與鄒衍「五德相勝」之說連結。

　　然後進而論述「五行」的概念如何作為「五德相勝」說的基礎與建構其體系，並約略說明「五德」之說的政治理論對於正朔與服色等觀念的影響。而「五德」之說又如何產生了朝代更迭的政治預言觀，也進而確立了黃帝在中國歷史與政治上作為始祖的起源地位。

再者則是辨析古人如何以「氣」與陰陽五行，來解釋音樂概念中的自然發生觀，並且由古人對於音律的說明，討論人為所制定的音樂何以同於天地自然陰陽五行的規律，以及「數」的本身如何在古人的觀點中呈現某種自然規律性，如同天象曆法的往復規律性質般的視為某種上天意志的表徵，產生通貫事物原則的效用，並且成為建構音樂的核心元素，進而能夠呼應與調和天地自然，並且說明音律何以成為政治運作的制度。而此觀點在各家學者的闡述之下與發展，「五音」、「五氣」、與「五行」至此於漢代完成聯繫，納入廣義「五行」的系統中，完成樂之終始法象於天，音律稟於天地陰陽之氣，由其數可推至星曆，其協同民人相和以致同心同德的和諧架構。

　　基於禮是政治制度最高的運作法則，因此樂與陰陽五行皆成為政治制度中的核心元素；其特徵是由「樂」與「陰陽五行」之基本規範逐步擴充，構築成為天地人秩序的最高原則。是故其必須符合天地變化與生死的概念，並強調人類在此架構中的作用與價值。由於刑德制度仍不能避免災異的發生，所以生與死的概念也必然的建立於禮制之中而呈現出來。這種尊崇天地鬼神與表明順從天地之道的態度，也說明了人對天地自然規律的認知意義，與客觀規律的不可抗性。因而人的生死在此框架中，自是成為一個可以衡量客觀現象的向度。至此「禮」的內涵擴充至「樂」、「陰陽五行」與「刑德」，其中組成的元素之間，已然成為理論的並列前提，而不是相對而不可共融的概念，其相互之間甚至可以相輔相成，進而使得禮制的意涵豐富許多。

目

次

表　次

第一章　緒　論

第一節　研究動機與目的

　　往昔於民國早年論述陰陽五行之相關著作，大多以之爲荒誕不經，評爲迷信附會之作，其依據則大多使用《尚書・周書・洪範》及《史記》所錄鄒衍之說以爲評判準則。主張〈洪範〉所言，不過論及物之性與其之用，與戰國五德之說大相逕庭，或以古人好用五音、五味、五色之故，因而凡於每事每物便動輒以「五」規範。前輩之評論未必無所依據，然其大抵主張此乃古人之主觀與偏好，後人於研讀理解之際，所得助益甚微，且更啓疑寶；其一是古人何以迷信如此，若爲荒誕無用，戰國末年之《呂覽》一書，業已足矣，何以再有《淮南・鴻烈》、《春秋繁露》二書？而《禮記》、《白虎通義》中亦好言陰陽五行，其故安在？

　　二是太史公司馬遷論及鄒衍其言之時則評爲：

> 乃深觀陰陽消息而作怪迂之變……其語閎大不經，必先驗小物，推而大之，至於無垠。先序今以上至黃帝，學者所共術，大并世盛衰，因載其禨祥度制，推而遠之，至天地未生，窈冥不可考而原也。……稱引天地剖判以來，五德轉移，治各有宜，而符應若茲。

〈封禪書〉亦云：

> 騶子之徒論著終始五德之運，及秦帝而齊人奏之，故始皇采用之。……騶衍以陰陽主運顯於諸侯，而燕齊海上之方士傳其術不能通，然則怪迂阿諛苟合之徒自此興，不可勝數也。

然而回顧《史記》其餘篇章，仍有出現「陰陽」、「五行」、「五音」等語，論及漢高祖入咸陽則更有「五星聚於東井」之敘述。古人偏好，豈能不約而同而眾口一辭。若是，何以戰國之時有百家諸子，又豈能「儒分爲八，墨分爲三」？（見《韓非子・顯學》）

　　再者前輩學者多引述《左傳》：「天道遠，人道邇」（〈昭公十八年〉）而謂人文思想萌發，然置《左傳》其餘論及陰陽五行之說於不顧，恍如未存。又有疑古學派，凡論及陰陽五行必以梁啓超先生之說爲立論基礎，謂劉歆點校中秘所出諸書悉皆僞造，以助王莽篡漢，憑此而論古文經竄亂帝王世系，或捏造史實。是故其論述陰陽五行之說，偏向於五德終始之政治循環論，其於陰陽五行反是不以爲意，然詳細審查，則是大悖常理。其一是陰陽五行之說於春秋之時已出，五德終始之論遲至戰國時期方始興起，以歷史角度觀之，吾人可謂後代學者引論前人著述，豈有前人可預知且爲百年後世先行鋪陳其時未出之學說；其二則是於秦末漢初之際，先出《呂覽》，而後有《淮南》、《繁露》，此三者皆並論陰陽五行與五德終始，體系雖略有差異，然其陰陽五行之理論已頗爲詳盡。三者之論雖有小異而存大同，吾人焉可盡稱此爲王莽立論乎。若盡信疑古派所言，則陰陽五行必晚於五德終始。然考諸《史記》一書，其中以陰陽五行論述禮樂律曆甚是詳盡，渾然不似後出於五德終始之理論。且陰陽之說，其自成體系概念於《易》；其詞之始出，於傳而不於經；是故陰陽可自成一體系。而五行出自《尚書》，亦自是一體系。然秦漢之陰陽五行卻又別有風貌，是可知其中別有曲折，未可只以迷信稱之；至近二十年，方有不譏之以迷信，試圖一破迷霧之相關研究，筆者希冀以之爲基礎，嘗試釐清陰陽五行之架構，並理解其本來用意。

第二節　研究方法

　　筆者先以舊有之眾多古代典籍爲研究對象，是因爲陰陽五行的內涵意義十分龐雜，且並非成於一時一人之作，是以其學說於相互比較之下，常動輒有所出入之情形。如若單就一家之說而進行剖析並且証成其義，則恐與同樣探究陰陽五行之他者說法，於細部概念之處產生牴觸之狀況。總覽典籍，其中集陰陽五行之說而大成不過僅有四者：一者《呂氏春秋》、二爲《淮南鴻烈》、三是《春秋繁露》、四乃《白虎通義》。倘若單就四者而欲釐清其說，不過愈

治愈繁而已，蓋其說於千年之中的歷史發展裡頗有流變，且諸家各自有發展進程及不同的根源，而所謂集大成者，亦僅就其言及同類範疇而同之，並置其相異者於不顧，且四者各取所本而自作衍論，雖是皆有談論陰陽五行，然各家說法精粗廣狹皆有不同，故欲釐清其說，斷不可先由此四者而起。反應從先於此四者且按歷史前後順序為務。

而何以需由政治入手？其一，戰國以前論述陰陽五行者皆非布衣卿相，而是貴族；其二，此等貴族自幼即受教官學及承其世襲知識而入朝為官，其論陰陽五行時非僅純為鋪陳說明陰陽五行之概念而已，反是以陰陽五行作為論述為政或施政良窳的依據或前提，故可知陰陽五行斷非獨立學說，而是高度依存於古代政治理論之中。

第三節 前賢之研究成果及本論文研究價值

自春秋至戰國末年期間，諸子之說各擅勝場，為中國哲學之肇始。是故《史記·太史公自序》載有陰陽、儒、墨、名、法、道等六家學說，其中論陰陽家有曰：

> 嘗竊觀陰陽之術，大祥而眾忌諱，使人拘而多所畏；然其序四時之大順，不可失也。

其以陰陽家為首，又言道家

> 使人精神專一，動合無形，贍足萬物。其為術也，因陰陽之大順，采儒墨之善，撮名法之要，與時遷移，應物變化，立俗施事，無所不宜，指約而易操，事少而功多。

因此「陰陽」與「道」家於司馬遷之言論中，是以道攝陰陽，且又能「采儒墨之善，撮名法之要」，將道家視為眾多學說之核心。

但是在班固眼中，卻認定為建立起陰陽家與儒家之間的關聯性。其於〈藝文志〉中論儒家為：

> 蓋出於司徒之官，助人君順陰陽明教化者也。游文於六經之中，留意於仁義之際，祖述堯舜，憲章文武，宗師仲尼，以重其言，於道最為高。

論陰陽家則是：

> 蓋出於羲和之官，敬順昊天，歷象日月星辰，敬授民時，此其所長也。及拘者為之，則牽於禁忌，泥於小數，舍人事而任鬼神。

在《史記》中，道家雖然置於順序最末，然溢美之詞溢於言表，而漢書先論六藝于十家，再先儒、次道、三者陰陽，可知是尊崇儒術，然陰陽卻又只僅次於儒道，可知陰陽之說於兩漢有其重要地位。

「陰陽」之說於《史記》乃併入道家；於《漢書》則是略同於儒家，然而創史陰陽之說的鄒衍本說並未見其書，而自戰國末年集諸子所長之《呂覽》以至西漢之《淮南子》及《春秋繁露》三書中之論述陰陽，卻又有相異或以之為氣，或以之為日月之相異情形。

另外，現今吾人常以「陰陽五行」並稱，然而「五行」之說似乎於實際上更為撲朔迷離，如《呂覽》曰「五行氣勝」與「五德祥瑞」，在《淮南子》則為「五氣」、「星」、「五德」、「五音」等。於《史記·日者列傳》中有五行家，《漢書》則有〈五行志〉。然而啟人尋思者，為《史記》以為鄒衍之說「乃深觀陰陽消息而作怪迂之變……其語閎大不經，必先驗小物，推而大之，至於無垠。先序今以上至黃帝，學者所共術，大并世盛衰，因載其機祥度制，推而遠之，至天地未生，窈冥不可考而原也。」，卻又在〈禮書〉、〈樂書〉、〈律書〉等部分大言陰陽而不以為異。可知陰陽五行於今日所見之古籍，斷非鄒衍原說之風貌，反成為它說所採用之工具，進而有所變更以符合其本說之目的。因此「陰陽五行」之說其詞為一，其說大異，故陰陽五行之架構亦隨著諸說變革而有所不同。若以之為一，則不免陷溺於紛亂而難以自拔。

近來學者亦有鑑於此，遂於不同面向深入探究，或自甲骨之考定，或自天文曆法，或自其思維模式，或自天人合一之論。然其本有之政治脈絡，卻逐漸隱晦不彰。蓋自古以降，凡有論及陰陽五行者如《尚書》、《春秋左氏傳》和《國語》者，皆是為政者以陰陽五行論及為政之方，《呂覽》、《淮南子》與《春秋繁露》三書則皆由天地而論及帝王為政之術，故可知陰陽五行並不超脫政治之範疇。而近代由政治進而探討陰陽五行者甚為稀少，雖政治思想史有以此為焦點而作關注，然皆流於泛泛之論，至於以專書探討者，不過孫廣德先生《先秦兩漢陰陽五行說的政治思想》一書而已。

孫廣德先生自政治而論陰陽五行之說，大抵甚善，然於細微之處則有所偏頗，蓋陰陽五行雖先稱陰陽而後曰五行，然根據典籍，五行一詞卻是早於陰陽。另外雖古有稱三易，然陰陽一詞（或二字）首見《國語》，其時已為西周末年，斷不至於早於《尚書·周書·洪範》中周武王問政箕子。因此陰陽之名稱置於五行之前，實出於五行之後。故欲研究其流變，應由時間先後順序而論，斷然不可以字詞順序之先後論述。

　　而孫廣德先生雖注意到陰陽於天文時序之意義，然而對於五行之天文意義卻闕而不論，導致太重陰陽而太略五行之情形，事實上，若不究明五行之義，則五德終始之曲折內涵終是難明。再者作者太重災異部分，又多訐之爲其「用意只在威脅天子」。實際上古人雖信神明之事，然「只在」二字則太過武斷，在《春秋左氏傳》中，古人言及災異，亦述說陰陽五行之所以會形成災異之理，今人雖可視爲荒誕不經，但其本意絕非「只在威脅」便可解釋。

　　是故本論文的參考文獻先以古籍爲主，即《國語》、《左傳》、《呂氏春秋》、《淮南子》、《史記》、《漢書》、《禮記》、《大戴禮記》、《論語》、《春秋繁露》輔以《文子》、《鶡冠子》、《莊子》、《管子》、《韓非子》、《商君書》後以現代專著論述如孫廣德先生之《先秦兩漢陰陽五行說的政治思想》另外參酌徐復觀先生之《兩漢思想史》、馮友蘭先生之《中國哲學史》、與劉澤華、葛荃先生編之《中國古代政治思想史》等，再者佐以期刊，如王繼訓先生的〈先秦秦漢陰陽五行思想之探析〉、白奚先生之〈中國古代陰陽與五行說的合流──《管子》陰陽五行思想新探〉、李念莉之〈陰陽結構探微〉、刑玉瑞先生之〈陰陽五行學說與原始思維〉、徐克謙先生之〈陰陽五行學說：中國古代的宇宙解釋系統〉、陳久金先生之〈夏小正是十月太陽曆〉、與艾蘭、汪濤、范毓周主編之《中國古代思維模式與陰陽五行說探源》論文集。以期最新之研究，進而重新闡明陰陽五行與政治哲學之關聯性。

第四節　研究方法與章節安排

　　本論文之研究方式爲：一是稟持史冊所載之先後演變而以爲經；二是先秦眾家學說以爲緯；三是先持其所同者而後究其異；四是於其集大成後而有大相逕庭者不論，以究陰陽五行說之重要核心理論爲務；五是略加參酌以今人之研究蓋關注不同，未可遽引其論；六是不離政治而論；七則因古人論政必不離天地神明與天象災異，故以爲關鍵；八是古人推究天象必起律曆，故以爲探究陰陽五行說之準繩，以此八項原則歸納其說而推究梗概，以其政治意向爲陰陽五行意義的歸依。

　　第一章：緒論。旨在說明本文之研究動機、研究目的、研究題目及研究方法等。

　　第二章：目的是先行討論商周之際，「五行」一詞概念的起源，由於目前

最早的文獻紀錄中，「五行」一詞在《尚書‧周書‧洪範》僅表示「金木水火土」的物質性意義，即為後世所稱的「五材」。然而在〈洪範〉篇之中，已與「五味」相結合，因此「五行」已不是一個單純的字詞概念，然而及至春秋時期，「五行」擴及至一年之中季節劃分的概念，然而在眾多古籍之前，「五行」是為曆制的概念，迅速地為四季所取代，因此在眾多的古籍之中，「五行」仍然保留其為曆制的看法或類似性敘述。本章主要是先行考證「五行」的本然性意義與「五材」之外，也將「五行」為曆制的觀念作一番探討與辨析，探討時期上自商周之際下至春秋，其主要探討的原始文獻為《尚書》、《大戴禮記‧夏小正》等篇章。

　　第三章：「五行」的概念自戰國而至秦漢之際，也開始言及「五星」，而「五星」之所以與「五行」之概念相結合，一方面固然是古代天文學的進步與發展所致，另一方面也與西周末年而至秦漢所提出的「陰陽之氣」與「五行之氣」有所關聯，而「氣」的觀點及至秦漢，已成為古人解釋天地萬物的一個最主要的哲學概念，職此之故，「五行」遂與「五星」相結合，基於古人向來有天地崇拜的自然觀，與效法古代聖王之政治觀，於是將「五行」與「五星」相互連結，本章主要為剖析其概念之流變。

　　第四章：主要是先行討論「五行無常勝」到「五德相勝」其中概念之相關與差異，並且說明其沿革。也承襲上一章節所言：古人認為「五星聚會」是表示朝代更迭的天文異象作為基礎，而後以《史記》記述之歷史為主要脈絡，與《呂氏春秋》所提出「五行氣勝」的概念，進而討論古代中國對於政權更迭，與古代政治上所謂之三皇五帝、三王五霸聖人政治觀等演變，並如何與鄒衍「五德相勝」之說連結。然後進而論述「五行」的概念如何作為「五德相勝」說的基礎與建構其體系，並約略說明「五德」之說的政治理論對於正朔與服色等觀念的影響。而「五德」之說又如何產生了朝代更迭的政治預言觀，也進而確立了黃帝在中國歷史與政治上作為始祖的起源地位。

　　第五章：主要是辨析古人如何以「氣」與陰陽五行，來解釋音樂概念中的自然發生觀，並且由古人對於音律的說明，討論人為所制定的音樂何以同於天地自然陰陽五行的規律，以及「數」的本身如何在古人的觀點中呈現某種自然規律性，如同天象曆法的往復規律性質般的視為某種上天意志的表徵，產生通貫事物原則的效用，並且成為建構音樂的核心元素，進而能夠呼應與調和天地自然，並且說明音律何以成為政治運作的制度。而此觀點在各

家學者的闡述之下與發展，「五音」、「五氣」、與「五行」至此於漢代完成聯繫，納入廣義「五行」的系統中，完成樂之終始法象於天，音律稟於天地陰陽之氣，由其數可推至星曆，其協同民人相和以致同心同德的和諧架構。

　　第六章：基於禮是政治制度最高的運作法則，因此樂與陰陽五行皆成為政治制度中的核心元素；其特徵是由「樂」與「陰陽五行」之基本規範逐步擴充，構築成為天地人秩序的最高原則。是故其必須符合天地變化與生死的概念，並強調人類在此架構中的作用與價值。由於刑德制度仍不能避免災異的發生，所以生與死的概念也必然的建立於禮制之中而呈現出來。這種尊崇天地鬼神與表明順從天地之道的態度，也說明了人對天地自然規律的認知意義，與客觀規律的不可抗性。因而人的生死在此框架中，自是成為一個可以衡量客觀現象的向度。至此「禮」的內涵擴充至「樂」、「陰陽五行」與「刑德」，其中組成的元素之間，已然成為理論的並列前提，而不是相對而不可共融的概念，其相互之間甚至可以相輔相成，進而使得禮制的意涵豐富許多。

　　第七章結論：以討論之成果，作一總結說明；並嘗試以西方哲學之觀點進行比對。

第二章　五行的本義與流變之考證

第一節　五行是五材之用

本節概述

本節主要是探討《尚書‧周書‧洪範》中所敘述的五行。由於〈洪範〉中的五行與後世所傳的五行：火、土、木、金、水雖是相同，然而其義卻是大相逕庭，此相異之處大致有二：一是五行次序（於〈洪範〉中稱彝倫）與後世不同；二是五行並無相生或相剋（相勝）的問題。所以其爲獨立自存，既不從它者而生，也不由它者而滅。三是五行純粹是指五材之用。但是其亦存在著與後世（春秋）約略相同之處，〈洪範〉稱：「潤下作鹹，炎上作苦，曲直作酸，從革作辛，稼穡作甘。」因此五行已存在著次級範疇，即爲「五味」。而在漢代初年，五味亦是從屬於五行的範疇之一。在商末周初之際，五行是箕子所論九項政治範疇的首位，可見其具有極爲重要的意義。是故於此先以傳世典籍中最爲可信之〈洪範〉來作爲探討五行原初之意涵究竟爲何。

壹、《尚書‧周書‧洪範》中的五行本義

以目前傳世典策中，最爲可信而首出「五行」一詞，是在伏生所傳《尚書‧周書‧洪範》：

> 箕子有言：「我聞在昔，鯀堙洪水，汩陳其五行……天乃錫禹洪範九疇……。」「初一曰五行。……一曰水，二曰火，三曰木，四曰金，

五曰土。水曰潤下，火曰炎上，木曰曲直，金曰從革，土爰稼穡。」、

「潤下作鹹，炎上作苦，曲直作酸，從革作辛，稼穡作甘。

在〈洪範〉篇中，顯示了幾個五行與政治的關係。

1、「我聞在昔」之言，表現了古代政治有著對政治歷史傳聞或記述的保留，儘管在現代應視之爲非信史的傳說。然而在中國上古時期，卻是一個具有相對於政治的重要性，即表示政治觀念也是具有著傳承上的意義。

2、天乃錫禹洪範九疇」之言，表現了古人尊崇神明的信仰，所謂的政治法則，亦是承受天命而來。

3、「五行」在商末周初之時，已是爲政者所知的政治範疇，而更特別的是〈洪範〉是傳給政治地位等級於政治社會階層頂端的人物，箕子爲紂王之叔，故能與聞，而周武王雖襲任西伯侯，仍是「惟天陰騭下民，相協厥居，我（武王）不知其（禹）彝倫逌敘。」

4、「五行」在「洪範九疇」中的排序是第一項，顯示「五行」有相當的政治法則上的重要性。

5、「五行」在〈洪範〉中的記敘，與《漢書・刑法志》的「五材」即五種材物相當。而值得注意的是「五行」已與「五味」相連繫。

如果詳察「洪範九疇」，「初一曰五行」如果是講「五材」、「五味」而已，此項幾乎可以併入於第二項「農用八政」的「一曰食」、「二曰貨」的概念，甚至只可算是附屬性的概念，而與其他範疇相較，從第二至第八項皆較之繁複且相對的詳備許多，只有第九項的「五福六極」。若將此篇的「五行」、「八政」相較，可以確認，此項「五行」是一個相當原初的人類認知的概念。若然如此，何以必須放入政治範疇而論述之？

考諸〈洪範〉其餘八籌，除第四疇、第九疇外，第二至第八疇的敘述皆較首疇詳細，且內容更爲清晰。其中的第五、七、八疇佔〈洪範〉的篇幅甚大。比較之下，可知首疇的五行應不可說是具有特殊深奧的意涵，筆者認爲箕子將之列入九疇並爲之首要的原因，是因爲五行是爲政者在政治建設上的首要認知基礎，舉凡民之用度，莫不由此「五行」（即五材）的運用而來，若是爲政者在解決問題時並未認清此一狀況，則會犯下如同「鯀堙洪水」的錯誤，且於指導庶眾利用民生製造上，也會產生無謂的消耗與浪費。

如再按「鯀堙洪水，汩陳其五行」，可知「五行」（五材）有其一定的性質，而「陳」之一字，也顯示出有一定的順序性。

《尚書》中另有〈甘誓〉亦提到「五行」，其文曰：

> 有扈氏威侮五行，怠棄三正，天用剿絕其命

由於此篇據清代閻若璩考證是為東晉梅頤所作，故此考證一出，後世皆稱為「偽古文尚書」。筆者非考據學者，故此篇全為偽造，亦或後世有所本傳抄改寫，無能辨析，且僅一句「威侮五行」，在本文中其意不甚詳明，未可辨析，故暫存而不論。

貳、《尚書》中「五行」與「五星」、「五氣」、「五德」、「五方」毫無相涉

後世論五行者，或以「五星」與「五行」相關，如「天有五星、地有五行」（見《史記·天官書》）或是論及「五行」而顯出「五氣」（見《呂氏春秋·有始覽》：黃帝曰：『土氣勝』……禹曰：『木氣勝』……湯曰：『金氣勝』……文王曰：『火氣勝』），或是直接以祥瑞論及「五德」：（注見《史記·封禪書》：黃帝得土德，黃龍地螾見。夏得木德，青龍止於郊，草木暢茂。殷得金德，銀自山溢。周得火德，有赤鳥之符。）姑先不論三者的內在意涵，其次有「相生」與「相勝」二種，皆與《尚書·周書·洪範》論及之五行次序絕不相類。按〈洪範〉中五行之序是為一水、二火、三木、四金、五土，其中一是勝（或剋）二，二勝（或剋）四，五勝（或剋）一；一生三，三生二，五生四，四生一，是故以生剋而論之，亦毫無次序可言，以五方論之則是：先北次南，再東而西，最後為中央，亦是並無真正的空間連繫的順序性。而「五行」中也未見有「五氣」的絲毫概念，與「五星」也並無對應，在今文尚書中僅見〈洪範〉有論及日月星辰是在第四疇的「五紀」：「一曰歲，二曰月，三曰日，四曰星辰，五曰厤數。」而已。

參、〈洪範〉中五行之次序及其意義

在〈洪範〉箕子所言「我聞在昔，鯀堙洪水，汨陳其五行」按孔安國傳曰：「亂陳其五行」，也就是說「五行」本有一定次序，因此箕子告周武王的「五行」，也必須按所聞之次序相告。

而在這裡值得注意的是，「鯀堙洪水」一句，提出以土堙水就是「汨陳五行」；而箕子所言「一曰水……五曰土」，也表示，「水」的重要性遠勝於「土」，地位上也遠高於土，是故以下治上就是「汨陳五行」，所以逆亂「彝倫」。由

此觀之，此處如同「五材」的「五行」，不僅絕無談及相剋之理，且每一項皆不由他者而生的存在獨立性，因此與他項無相互依存性。

關於原始五行（即五材）的論述，在《國語‧鄭語》中有一段相呼應的記載：「《泰誓》曰：『民之所欲，天必從之。』……故先王以土與金木水火雜成百物，是以和五味以調口……。」而「五味」是隨著「五行」而論述，由此也可以看出〈鄭語〉之言，與〈洪範〉所載，有其高度的相似概念，雖然有其不同之處，但也不悖反其原初意義。

綜觀五行在〈洪範〉中的意義，本來僅是指「五材」，並稍加以說明「五材」的內涵，然而較特別的是，「五材」已與「五味」相連結，而且以「五行」統稱之，故以此推察，所謂的五行，是指行使五種事物的方法，箕子並沒有對行使的方法詳加規範，卻僅只論及五種事物在認知上的意義，之所以沒有規範，即如同《國語‧鄭語》所載：「以土與金木水火雜成百物」，百物不過是論其多種，就算改成千萬亦不為過，又豈可對種種品物的造成方式加以規範而詳論，若製種種用器，則各有其方，隨所需用而變化其製造與使用之方式，但總不脫對「五材」的掌握而來，故〈洪範〉僅有談論五材在認知上的意義。而〈洪範〉將五味併入於五行的條目之下，卻也開啟了五行可與其他事物相互連結的開放性意義，而其連結之向度，至漢代已是系統式宇宙論與政治論上對許多項目的連結，並成為二者論述中的基本架構，至於其演變將在以下章節討論。

第二節　五行是指五行曆法（上）

本節概述

本節與下一節的重點是先由《尚書‧周書‧洪範》討論古代政治對於天文曆法的重視，再依據《論語》與《大戴禮記》所述於東周末年的確存在傳說中的夏朝尚有流傳下來的古曆，然後再由《管子》與《淮南鴻烈》二者的記載發現一年的劃分存在四分法與五分法兩種方式，而《禮記‧月令》又與《淮南鴻烈》所記載之五分法具有著高度的相似性，因此可以確認自東周以至漢初，五行一詞存在著一年分為五季的曆法觀念，而曆法本身就具備與天象運行高度相關，而五行也因此由屬地的五材逐漸轉化而衍伸為亦可以是屬天的範疇。而五行自此便成為解釋天地兩個相對概念的共同架構，而五行作

爲與天文相關的曆法概念，也一直隱然的持續存在著。及至後世，五行的意義逐經由曆制概念爲媒介，而轉成自古即存在的五星；而此二節主要是透過古代經典的敘述，以及現代學者的考證與論述，說明五行曆法的確實存於古人的觀念中。並且此處的五行觀念，在不同的文本之中，也出現了不同的開展，其中最爲重要者乃是在於本來僅只屬於時間概念的五行已開始引申至空間方位的概念，即在不同的時序之下，所應對之空間方位也需不同，因此五行在此已經同時具備作爲解釋時間與空間轉換的兩個向度。而在《淮南子》中，五行的時間順序的呈現，也以五色發於自然物像爲識別的方式之一；於《禮記》之中，則是成爲人事制度的服色依據；在《墨子》中，則是人事順應上天意志與否的吉凶標準，而五行之配合五色在這幾處發展之下也已然成形。但在四季觀念的發展及使用之下，五行作爲曆制的意義顯然弱化，及至秦漢之際，基於法古、遵古的觀念下，仍然是各自以不同的方式模擬一年可以劃分爲五季的觀念。

壹、《尚書・周書・洪範》中政治與天文曆法的關係

在古文《尚書・周書・洪範》篇中箕子有曰：「四、五紀。一曰歲，二曰月，三曰日，四曰星辰，五曰曆數。」奇特的是，箕子並沒有對這五者有更多的說明，與其他八疇相較，字數最少。同篇與之最相似者有二：

> 三，八政：一曰食，二曰貨，三曰祀，四曰司空，五曰司徒，六曰司寇，七曰賓，八曰師。

> 九，五福：一曰壽，二曰富，三曰康寧，四曰攸好德，五曰考終命。

> 六極：一曰兇短折，二曰疾，三曰憂，四曰貧，五曰惡，六曰弱。

以上也是屬於毫無說明。毫無說明的可能之一爲：此觀念爲人所共知，所以不需詳加說明。可能之二，統治者知其梗概即可，其細目由職官專責即可，而且還有第三種可能，即統治者知之甚詳，且亦有設立職官典守，如此則更不必詳述。

然〈洪範〉第五疇呈現了一個特殊之處，由其次序而論，可能存在以下幾種狀況：1、「歲」只是純粹如同現代的「年」的計時單位；而日、月、星、辰是由指涉天文現象而逐漸衍伸成爲計時單位，而曆數純粹是指推步計算天文現象等方式，所以歲與曆數只是純粹具有單一指涉時間的意義，所以五紀中的第二、三、四項的日、月、星辰可視爲同一組概念。2、歲是指由歲星的

運行週期定出來的計時單位，一如第二、三、四項是經由天體概念而形成的計時單位，而曆數仍然只是計算天文變化的演算方式。

如按孔安國傳、孔穎達疏，皆主張「歲」僅為單純的記時單位；而在對「曆數」說明上，二人皆主張為節氣；如將節氣之說置回五紀來看，則會產生令人難以理解的情形：按時間之長短而排序的話，節氣應該是僅次於「歲」與「月」的計時單位，何以是置於排序的最後。

若見《說苑・辨物》：

> 故堯曰：咨爾舜，天之曆數在爾躬。

《春秋繁露・郊語》：

> 堯謂舜曰：「天之曆數在爾躬」。

《史記・曆書》：

> 年耆禪舜，申戒文祖，云：「天之曆數在爾躬」。〔註1〕

由以上等語，可知「曆數」一辭，在文意上不可逕謂為「節氣」。而以上所引，雖然未可完全的界定「曆數」一詞所指的意義，但也大致的指出「曆數」是指由隨著季節更替天象變化，而人所能觀察與預測之變化以及面對環境所能反應之措施。也可以說「曆數」即是用來推行時曆之法則，而歲、日、月、星辰、四時是以曆數之法推算而形諸文字而規範日常生活的法則。是故可知〈洪範〉中所謂的第五紀，就是按時序與其法制進而規範生活型態。而古代的曆數，在目前可知的文本中，最早被引述的應該是夏代的曆制，如：

> 《論語・衛靈公》子曰：「行夏之時，承殷之輅，服周之冕。」

又按《禮記・禮運》：

> 言偃復問曰：「夫子之極言禮也，可得而聞與？」孔子曰：「我欲觀
> 夏道，是故之杞，而不足徵也；吾得夏時焉。我欲觀殷道，是故之
> 宋，而不足徵也；吾得坤乾焉。坤乾之義，夏時之等，吾以是觀之」。

以及《史記・夏本紀》：

> 孔子正夏時，學者多傳《夏小正》。

由以上引文可知所謂的夏時，就是夏曆，是夏代日常用度所倚為依據的制度準則，其中把星象與所需行為用度皆錄於月份條目之下，如《大戴禮記・夏小正・正月》：

> 農緯厥耒……初歲祭耒始用騆……時有俊風。俊者，大也。大風，

〔註1〕古文《尚書・虞書・舜典》亦有相關記載。

> 南風也……田鼠出……農率均田……言農夫急除田也……初昏參
> 中。蓋記時也云……斗柄縣在下……柳稊……發孚也……梅、杏、
> 杝桃則華。〔註2〕

由此觀之，《尚書·周書·洪範》的「五紀」，應該也不單是標定時日如此簡
單的記錄，實際上應該也是一個標定如何行事的規範，故〈洪範·庶徵〉應
該就是對「五紀」詳細說明的補述，而其行事規範之準則是在於觀測天象且
按其變化施作。所以才說：

> 王省惟歲，卿士惟月，師尹惟日。歲月日時無易，百谷用成，乂用
> 民，俊民用章，家用平康。日月歲時既易，百谷用不成，乂用昏不
> 明，俊民用微，家用不寧。

因此所謂「天之歷數在爾躬」，就是反應出上古中國對施政者在評價上的肯
定。為政者的正向評價，竟然是包含對歷數的瞭解與其相關的卓越知識，而
且能夠按照時序準確無誤的行事。然而，歷數究竟對於政治措施上有何重要
性，在此必須先由古代文獻上所傳之最早有關歷數的《大戴禮記·夏小正》
與《禮記·月令》審視起。

貳、〈夏小正〉與〈月令〉的歷法概念——干支與五行的對應

　　〈夏小正〉與〈月令〉兩篇，分別屬於《大戴禮記》，與簡稱《禮記》的
《小戴禮記》中，兩篇皆有記錄著十二個月中的自然物象，與所應行之事，
而其所行之事，不外農作與營建二類，可以看出這是古代為維持生活所需的
一種行事曆，行事曆之所以記載著許多物象，則是作為行事的時節判斷標準。
而尤其在《禮記·月令》中，已不僅是只記錄一般百姓之日用所行，甚而規
範作為「天子」所必須遵循之事，其中更包括祭祀、所用服色、所居朝廟、
所用樂器；並記錄也包括了禁止之事等。

　　是故以〈月令〉之文可知，「曆」在上古中國社會與政令施行有其實際與
象徵儀式上的重要性：以天文現象劃分時間（季節與月），並且記錄氣候以方
便施行政事。然而值得關注的是〈月令〉中卻是隱微的表示一年可以或必須
劃分為五個時段的概念。

　　在《禮記·月令》中所示：

〔註 2〕以上正月部分節錄，由於內文繁多（總十二條）故不詳錄。

> 孟春之月……其日甲乙（卷十四）
>
> 仲春之月……其日甲乙（卷十五）
>
> 季春之月……其日甲乙（同上）
>
> 孟夏之月……其日丙丁（同上）
>
> 仲夏之月……其日丙丁（卷十六）
>
> 季夏之月……其日丙丁（同上）
>
> 中央土……其日戊己（同上）
>
> 孟秋之月……其日庚辛（同上）
>
> 仲秋之月……其日庚辛（同上）
>
> 季秋之月……其日庚辛（卷十七）
>
> 孟冬之月……其日壬癸（同上）
>
> 仲冬之月……其日壬癸（同上）
>
> 季冬之月……其日壬癸（同上）

由以上〈月令〉的節錄可見，一歲的劃分有兩個特徵 1.在四時（季）之外多了一個「中央土」2.春季是稱作「其日甲乙」，夏季是稱「其日丙丁」，秋冬即是庚辛和壬癸。

　　如按目前所知一旬十日的天干排列去類推，則一年應該是等分成五段的形式，不應該是出現這樣長短不一的序列；而且，如果視之為具有意義的表述，那麼只能解讀為春季的時日，皆是屬甲乙之類，亦即春季絕無丙丁至壬癸之日。因此十天干即是分為「甲乙」、「丙丁」、「戊己」、「庚辛」、「壬癸」五類。而一年就可以劃分為五個時段，然而在《禮記・月令》中的「中央土」並不歸於四季之中，只在季夏之後，孟秋之前；且更值得注意的是：只有「戊己」配上方位「中央」，亦配五行之「土」。

　　推究「中央」一義，本是指涉為空間所處的位置。3.當然指一段時間的正半亦無不可。因此「中央」一詞就成為雙重指涉詞，一是空間，一是時間，於此指涉之下，遂為連結空間與時間概念之樞紐，也可以說是兩種概念或序列之交集。

　　至於一年五分的敘述，不僅存在於《禮記・月令》中，另外也有相似的紀錄。

如在《淮南子・天文訓》：甲子受制　木用事　火煙青　七十二日

　　　　　　　　　　　　丙子受制　火用事　火煙赤　七十二日

　　　　　　　　　　　　戊子受制　土用事　火煙黃　七十二日

　　　　　　　　　　　　庚子受制　金用事　火煙白　七十二日

　　　　　　　　　　　　壬子受制　水用事　火煙黑　七十二日〔註3〕

如果把《禮記・月令》與《淮南子・天文訓》相互參照，可以發現《淮南子・天文訓》與前者有著相當雷同的排列方式，其所用天干爲甲丙戊庚壬，與〈月令〉純天干之五分法的甲乙、丙丁、戊己、庚辛、壬癸，極其相似。而如只用天干，對照干支排列法的日期順序，的確可以視甲乙、丙丁、戊己、庚辛、壬癸爲一組。

然而後者更明顯的劃分甲子以下七十二日，爲「木用事」，其餘丙子七十二日爲火，戊子七十二日爲土，庚子七十二日爲金，壬子七十二日爲水。因此《淮南子》的記載呈現了幾個特點：1.一年分爲五組（或五季），每組七十二日，一年共三百六十日；2.已有木、火、土、金、水的順序，與五行相生說相同；3.已有五色相配；4.其日已用天干地支排列。

在此值得討論的是，雖然《禮記》與《淮南子》的系統有所差異，但同時皆是將一年劃分爲五組。《禮記》中的「中央土」當然還是屬於天時的範疇，其雖不同於《淮南子》明言木、火、土、金、水，但也表示了「土」的存在，與《禮記》、《淮南子》相似中又有存在相異的則是《墨子・貴義》。

參、《墨子》、《淮南子》與《禮記》的比較

在《墨子・貴義》中曰：「帝以甲乙殺青龍於東方，以丙丁殺赤龍於南方，以庚辛殺白龍於西方，以壬癸殺黑龍於北方。」此處之「帝」，應是指具有神格的「天帝」。而據日者曰：「帝以今日殺黑龍於北方，而先生之色黑，不可以北。」可知其中之甲乙、丙丁、庚辛、壬癸是指「日期」。而且也配東南西北四方及青赤白黑四色，而不及於「土」。此三者的比較列表如下：

〔註3〕如《詩・秦風・蒹葭》：「宛在水中央」。

	日期標定	週年劃分	五　方	五　色
《墨子》	甲乙、丙丁、庚辛、壬癸（純用天干）	無	東南西北無中央	青赤白墨（天帝刑殺）
《淮南子》	甲子、丙子、戊子、庚子、壬癸（天干地支）	五季	無	俱有（自然物象）
《禮記》	甲乙、丙丁、戊己、庚辛、壬癸（純用天干）	四季而有五分概念	有中央無四方	俱有（天子所用形制）

表格來源：筆者自行整理

　　此中《淮南子》所呈現之系統性較強，也有一致性，而《墨子》及《禮記》皆相對呈現出某種程度的不協調。如《禮記》論「天時」，卻出現了「中央土」的空間概念，而又不論及四方，而《墨子》提及刑殺又單缺天時的「戊己」日及方位的「中央」。當然的，由認識論的觀點：論及「中央」時，的確可以聯想起四方（或八方）；而論「四方」時，也的確可以回溯出原始的立足點：「中央」。但是與《淮南子》相較之下，顯然其完整度有不足之處；而敘述時間序列知時又與方位相配，顯示出系統的零亂與駁雜，當然也表示了某種程度上的原始性。

肆、《管子・五行》中與五行相關的理論

　　推究《淮南子》所載，則與《管子・五行》所論極其相似，〈五行〉曰：

> 睹甲子木行御……七十二日而畢，睹丙子火行御……七十二日而畢，睹戊子土行御……七十二日而畢，睹庚子金行御……七十二日而畢，睹壬子水行御……七十二日而畢。

其文中並有「天子出令」等語，顯然是指為政者必須按所劃分的時節行使政令，其內文又略近於《禮記・月令》，然較特別的是《管子・五行》亦保持了四時的型態，其文曰：

昔者黃帝得送尤而明於天道，得大常而察於地利，得奢龍而辯於東
方，得祝融而辯於南方，得大封而辯於西方，得后土而辯於北方，
黃帝得六相而天地治。神明至。送尤明乎天道，故使爲當時。大常
察乎地利，故使爲廩者。奢龍辯乎東方，故使爲土師。祝融辨乎南
方，故使爲司徒，大封辨於西方，故使爲司馬。后土辨乎北方，故
使爲李，是故春者土師也，夏者司徒也，秋者司馬也，冬者李也。
昔黃帝以其緩急，作五聲，以政五鍾。令其五鍾，一曰青鍾，大音，
二曰赤鍾，重心，三曰黃鍾，灑光，四曰景鍾，昧其明，五曰黑鍾，
隱其常。五聲既調，然後作立五行，以正天時。五官以正人位，人
與天調，然後天地之美生。

由《管子・五行》可知：

1. 確立天地四方的方位.

2. 確立四時與四方的相配

3. 五行由五聲而起，亦即五行與服色、樂律有關

4. 五行可以正天時

在《管子》的五行系統中，五行只是用來「正天時」。這個「五行」按其
文意應是指「地、東、南、西、北」，也用「五官」（廩者、土師、司徒、司
馬、李）以及五聲、五鍾等人事，來與所觀測的天道時令相配合，也就是所
謂的「與天調」、「正天時」。如此則「地」是等同於「五方」的「中央」。

是故在《管子》的五行論中，一如《禮記》、《淮南子》等書所載，是配
合樂律、服飾、政令等劃分爲五大類的人事作爲，雖與《尚書・周書・洪範》
中，使用五材之法不同，然而「五行」的確還是指人事作爲的五種範疇。但
是更爲奇特的是，如果按古人尊敬且遵循天時的概念，一歲之中，對自然時
序有四分與五分兩種極其顯著的不同方式；而對於一年之中的「行事」規範，
卻限定只能使用五分法。因此，曆法中的時節是爲四分抑或五分，有詳加釐
清並討論之必要。〔註4〕

〔註4〕 根據荊州博物館所蒐藏 1983 年出土之張家山漢簡，《蓋廬》：蓋廬曰：「何胃
　　　 （謂）天之時？申胥曰：九野爲兵，九州爲糧，四時五行，以更相攻。天地
　　　 爲方圓（圓），水火爲陰陽，日月爲刑德，立爲四時，分爲五行，順者王，逆
　　　 者亡，此天之時也。」（第二章）：「……殄（塡）星，土也，六月土強，可以
　　　 攻水；相星，水也，冬水強，可以攻火；營（熒）或（惑），火也，四月火強，
　　　 可以攻金；此用五行之道也。」（第五章）由此可見在第二章的部分中，五行

第三節　五行是指五行曆法（下）

本節概述

前節曾略述《大戴禮記‧夏小正》以及《論語‧衛靈公》篇的「行夏之時」。參酌《史記‧夏本紀》：

> 孔子正夏時，學者多傳《夏小正》；

以及《管子‧五行》：

> 以正天時。

大致可知，上古之時的曆法並不精準，是故有調校的必要，以免亂壞依循天時行事之法度。所調校者可分為二類，一是重新觀測天文而校正，二是調整行事以配合天時。若不能重視之，則制度法令必然乖張，而導致民不聊生；如令多雨時節營造宮室，定然曠日廢時，且勞役時期過長，而百姓無以自求生計。是以觀天測時是一重要之政治舉措。本節主要以上一節為討論之基礎，探究古代記述「一年五季」的觀念與意義，與「五行」的關係。

壹、五行與四時的關係：五季十月與四時十二月

如在《尚書‧虞書‧堯典》：

> 乃命羲和，欽若昊天，歷象日月星辰，敬授民時。

> 在璿璣玉衡，以齊七政。肆類於上帝……。

在《尚書‧夏書‧胤征》更言：

> 羲和尸厥官，罔聞知。昏迷于天象，以干先王之誅。《政典》曰：「先時者殺無赦，不及時者殺無赦」。

既然「時」不可亂，亂時即可亂政，那「時」的劃分方式，究竟是得為四分抑或五分？如僅就《管子》一書的〈四時〉、〈五行〉兩篇及《禮記‧月令》而論，兩者皆明顯主張四時（季）才是劃分自然時序的主要方式，而五行只是人為的劃分，可用來輔佐或校正在「四時」行事上誤差的一種方式。但在《管子‧五行》與《淮南子‧天文訓》中，卻又劃分一年為五段，並且又清

也是屬於「天之時」的概念。而在第五章部分四時和五行是並用的。這點與《管子‧五行》的觀念相同。但是《蓋廬》之成書時間尚未確定，如曹錦炎在《〈論張家山漢簡《蓋廬》〉一文中認為其成書時期於戰國前期伍子胥門人之手；邵鴻於〈張家山漢墓古竹書《蓋廬》與《伍子胥兵法》〉當中認為有可能應當成書於楚漢之際。因此《蓋廬》部分暫時不納入正文討論。

楚界定了每分各七十二日。因此，一年總共是只有三百六十日，而問題在於，如果一年只有三百六十天的話，相對於一個太陽年的週期有著更大的誤差，但是一個太陽年至少是三百六十五或三百六十六日，並非是在觀測上太過困難。如按《尚書・虞書・舜典》：

> 帝曰：「咨！汝羲暨和。期三百有六旬有六日，以閏月定四時成歲」。

[註5]

所言，一年四分是用置閏來校正，與一年五分毫無關聯。

按照現今觀測的數值，一年有 365.2422 日來論，不論古代是將一年四分或五分，永遠都須調校歲差，在〈虞書・舜典〉中以言明是用閏月調校，是故在此並不存在著使用五分法調校的意義。在《禮記・月令》中雖未明言一年是三百六十六日或三百六十五日，但總之不能為四盡除，如果在一年之中使用日數不確切的「中央土」，則是每年可進行一次調整，縱使不能完全一致，但也可以將誤差減至最低。如規定每月為三十日，前三年「中央土」可以有五天，到了第四年，由於前三年餘下了三個 0.2422 天，再加上第四年自身餘下的 0.2422 天，因此第四年的「中央土」可以是六天，如此可將誤差縮至一日以下，但是又多用掉了第五年的 0.0312 天，為了要補回多佔用的時間，所以為期六天的中央土，就只能使用在下個周期的第五年，也就是第九年，這樣在第九年時就只慢了 0.1798 天；這是一種較為簡略式的調校方式，但是因為曆法參酌的月相盈虧，有時一個月是二十九天，導致每年中央土最少即是十一日，而且再加上每個太陽年累積餘數的不同，所以中央土分配的日期長短也很不穩定。再反觀《管子》及《淮南子》二書所載的五分法，每行七十二日。每個太陽年的誤差就已經可達五至六日，其本身就需每年調校；如果它可以成為四分法的輔助調校，則必須意味著，五分法有著不同於《禮記・月令》的校正方式與計算上的結果，所以可以良好的作為調整四分法的參考。

據近代學者對曆法的考察，提出殷商曾使用過十月曆，即一年只有十個月。[註6] 以此而論，一年的確可以劃分為五季，因而有的學者主張《管子・五行》與《淮南子・天文訓》是古代曆法殘留下來的記錄，其主要之判斷依

[註5] 〈虞書〉為古文尚書，據清閻若璩考證為偽，引文用此並非指一年 366 日的觀念必然早于一年 360 日的看法，僅用來參校討論。

[註6] 其實用「月」並不是個很好的表達方式，中國古代的「月」只有二義，一指月球，二指月亮盈虧一次所經歷的時間，大多是二十九日或三十日，也是用作劃分一年的時間單位，但現今學者並未使用其它字詞代替，在此姑且襲用。

憑有二，一是《大戴禮記・夏小正》的記載有相似之處，二是《詩經・豳風・
七月》。

　　主張古曆是一年五分法的學者指出，在《詩經・豳風・七月》〔註7〕，全
文中有兩個特點，第一，既是記載農民生活，但全文缺少十一、十二兩個月
份的相關紀錄。第二，其中存在「一之日、二之日、三之日、四之日」的語
句，就是表示補上一年五季只有三百六十日所不足的時日。

　　如果只按〈鄭箋〉的解釋：

　　　　一之日，十之餘也，一之日，周正月也（子月）……二之日，殷正
　　　　月也（丑月）……三之日，夏正月也（寅月）……四之日，周正月
　　　　也（卯月）。

顯然的，這與現代學者主張有所不同。鄭玄主張因爲曆制的變革，所以時節
有著不同的名稱，因此就把「一之日」等詞視爲不同曆制的同義修辭變化。
但是在同文中，又有：「四月秀葽」，如此所謂的「四之日」與「四月」毫無
差異，但是難以令人信服的是何必以「日」代「月」，尤其日與月的本義是指
向完全不同的天體，而且因此而衍伸出的時間意義也大相逕庭。除了鄭玄的
註釋之外，也別無其他經典可供佐證。由於《詩經》乃是周代集結民歌而成
的總編詩集，所以歌謠之中所提及的時日，可能是採用周曆，或者是使用更
古老的曆制，或者是使用二者所調合出的曆制，亦無不可；是故「一之日」、
「二之日」等恐怕並非屬周曆的古代曆制。故有學者依此而主張此是古代是
使用一年劃分爲五季的十月曆制。

　　其二，若論《大戴禮記・夏小正》，學者指出《大戴禮記・夏小正》與《禮
記・月令》相較之下，三月初所記載之星象是一致的，但在四月初的星象卻
有十五天以上的差距，而六月初二者所記錄之星象又有三十天的差距，而下

〔註7〕 全文共有八章，直接相關者爲第一章、第四章與第八章。原文如下。第一章：
　　　　「七月流火、九月授衣。一之日觱發、二之日栗烈。無衣無褐、何以卒歲。
　　　　三之日于耜、四之日舉趾。同我婦子、饁彼南畝、田畯至喜。」；第四章：「四
　　　　月秀葽、五月鳴蜩。八月其穫、十月隕蘀。一之日于貉、取彼狐狸、爲公子
　　　　裘。二之日其同、載纘武功、言私其豵、獻豜于公。」；第八章：「二之日鑿
　　　　冰沖沖、三之日納于凌陰。四之日其蚤、獻羔祭韭。九月肅霜、十月滌場。
　　　　朋酒斯饗、曰殺羔羊。躋彼公堂、稱彼兕觥、萬壽無疆。」其中的「二之日」
　　　　顯然不是指任何月份的初二日，如第八章沒有寫出月份，但是二之日的「鑿
　　　　冰沖沖」明顯是在冬季；而第一章的二之日，如屬周曆十二月制的七月或九
　　　　月，最多不過是仲夏與初秋，就直言「無衣無褐，何以卒歲」也不合理。

一年的正月又完全一致。如此，只能將〈夏小正〉視爲十月制才能解釋了。並且附加說明，〈夏小正〉正月條錄初昏是斗柄在下，六月條錄初昏是斗柄在上。按《鶡冠子‧環流》所云：「斗柄東指，天下皆春，斗柄南指，天下皆夏，斗柄西指，天下皆秋，斗柄北指，天下皆冬。」可知北斗七星是以北極星爲中樞一年繞行一周。而〈夏小正〉中，斗柄在上與在下，卻只有相差五個月份，因此在〈夏小正〉的系統中，斗柄繞行一周只有十個月份。

　　再其次〈夏小正〉中有「五月時有養日」（長日）、「十月時有養月」（長夜），正是一年之中白晝最長的夏至日與黑夜最長的多至日；明顯地指出，夏至與多至於五月與十月。〔註8〕而現今的〈夏小正〉雖然仍有十一月與十二月的條目，但卻沒有任何的星象記錄，故主張十月曆的學者，認定此二條目是後人所再加上，以符合後世所習慣的四季十二個月的曆制。〔註9〕

　　因此在《淮南子‧天文訓》之中的「歲遷六日」也被是爲補足太陽年剩餘之天數，所以〈豳〉中的「一之日」、「二之日」等，就是指 360 日後的第一天、第二天等日。

　　當然亦有學者反對，其理由是 1.並無眞實之記錄，僅憑推測斷言 2.殷商甲骨卜辭中多有「十三月」，顯然並不符合 3.卜辭中已大量使用干支記日，而且並無純以天干記月的狀況。〔註10〕例如近代學者高亨便主張豳曆中的「一之日」、「二之日」、「三之日」、「四之日」即爲「子月」、「丑月」、「寅月」、「卯月」的別稱。

〔註8〕現今太陽曆夏至在六月，冬至在十二月。

〔註9〕筆者所能蒐集到的資料，主張〈夏小正〉是十月曆的學者有：金春峰先生，見《新史學》第二卷第二期〈周官與秦文化雜考〉，陳遵嬀先生，《中國天文學史》。

〔註10〕如陳遵嬀先生所云：「武丁卜辭多有十三月的記載，祖庚、祖甲以後就不見了。置閏於十三月，就是年終置潤法，祖庚、祖甲以後，則在年中置閏，所以沒有十三月之名，而有兩個七月、八月之類；至於年中置閏，始於何時，還不能確定。又十三月除見於武丁卜辭外還見於祖庚、祖甲二代，因而在祖甲時代仍存在著年終置閏法，不過當時已有年中置閏法。這說明了年終置閏法與年中置閏法，至少在某個時期是並用的。」參見陳遵嬀，《中國天文學史 上》（上海：上海人民，1978），頁136。

高亨作之豳曆：

月　建	夏　曆	殷　曆	周　曆	豳　曆
寅	正月	二月	三月	三之日
卯	二月	三月	四月	四之日
辰	三月	四月	五月	蠶月
巳	四月	五月	六月	四月
午	五月	六月	七月	五月
未	六月	七月	八月	六月
申	七月	八月	九月	七月
酉	八月	九月	十月	八月
戌	九月	十月	十一月	九月
亥	十月	十一月	十二月	十月
子	十一月	十二月	正月	一之日
丑	十二月	正月	二月	二之日

資料來源：高亨，《詩經今注》（上海：上海古籍，1982）。

貳、夏曆亦即五行曆

　　筆者認為，持反對意見的說法，其實與主張古曆是一年五季十個月的論述並不存在真正的衝突，筆者的理由是：

　　如在：

　　　　《論語・為政》：「子曰：『殷因於夏禮，所損益，可知也；周因於殷禮，所損益，可知也』。」；

　　　　《論語・衛靈公》：「子曰：『行夏之時，乘殷之輅，服周之冕』。」；

　　　　《禮記・禮運》：「子曰：『我欲觀夏道，是故之杞；而不足徵也，吾得夏時焉』。」；

　　　　《史記・夏本紀》：「孔子正夏時，學者多傳《夏小正》。」；

　　　　《周禮・春官・太卜》：「太卜掌三易之法，一曰連山，二曰歸藏，三曰周易。」；

《周禮・春官・筮人》：「掌三易以辨九筮之名，一曰連山，二曰歸
藏，三曰周易。」

據以上引文，可知在孔子所處之春秋末期，尚可得知夏禮及夏時（曆），也在
使用殷代所流傳下來的車輦形制，且《周禮》亦言，尚有三代之筮法。〔註11〕
是故夏曆應是殷周二代尚有存留，不然孔子也無法「行」與「正」了。

　　其次主張一年五分的學者，雖然有云是殷商所用，但也並未主張商代不
曾再行發展新曆法，所謂十三月之語，很明顯是用月亮盈虧的週期來劃分太
陽年，民國以來所發現的甲骨卜辭皆爲盤庚遷殷的晚期遺留，商代晚年使用
陰陽合曆，正是曆法的進化，也符合歷史發展的演變。

　　因此，卜辭所用干支記日，或用「月份」的論證，並不足以推翻殷商存
有「十月曆」的可能，雖然反對之學者又主張並無眞實之記錄，然而《管子・
五行》、《淮南子・天文訓》、以及《大戴禮記・夏小正》就是歷史殘留下來的
書面記錄，而彝族所傳的曆法，就是由田野調查的方式所找尋出來的旁證。
〔註12〕

　　所以一年的五分，明顯的只由太陽年來進行時序的劃分，因此在「月份」
的劃分上，可以單純的就一年的天數進行等分，而剩餘之天數（五天或六日）
就是依當時的需要而進行調整。而在《管子》與《淮南子》的記錄可看出，
此五等劃分是可以符合植物生長的規律，而許愼的《說文解字》也是因循這
個概念在進行解釋，也與五分十月說的五行概念相符合。〔註13〕

〔註11〕 在《國語・晉語》中有例：筮史占之，皆曰「不吉，閉而不通爻無爲也」司
空季子曰：「吉，是在《周易》皆利見侯」。可見筮史所用絕非《周易》，而是
後世所稱的《連山》或《歸藏》。

〔註12〕 見鄭慧生，《〈淮南子〉一書中的十月曆》，《洛陽師範學報》社會科學版，1984
年第 4 期；陳久金，《陰陽五行八卦起源新說》，《自然科學史研究》社會科學
版，第 5 卷第 2 期，1986 年；劉堯漢、盧央、陳久金，《彝族天文學史》雲南
人民出版社，1991 年；劉堯漢、盧央，《文明中國的彝族十月曆》雲南人民出
版社，1993 年；羅家修，《古今彝曆考》四川民族出版社，1993 年；李零，《〈管
子〉三十時節與二十四節氣》，《管子學刊》1988 年第 2 期；陳乃華，《早期陰
陽學說的重要文獻——〈陰陽時令占候之書〉初探》，《文獻》1997 年第 1 期。

〔註13〕 許愼曰：「甲：東方之孟，陽气萌動，从木戴孚甲之象。一曰人頭宜爲甲，甲
象人頭。凡甲之屬皆从甲。命，古文甲，始於十，見於千，成於木之象；乙：
象春艸木冤曲而出，陰气尚彊，其出乙乙也。與丨同意。乙承甲，象人頸。
凡乙之屬皆从乙；丙：位南方，萬物成，炳然。陰气初起，陽气將虧。从一
入门。一者，陽也。丙承乙，象人肩。凡丙之屬皆从丙；丁：夏時萬物皆丁
實。象形。丁承丙，象人心。凡丁之屬皆从丁；戊：中宮也。象六甲五龍相

　　據以上之推論，《管子》與《禮記‧月令》雖然也保留了「五行」的概念，但把「五行」置入「四時」之中，就顯得有些扞格不入。尤其在〈月令〉中橫空置入「中央土」，雖然是連結了「空間」與「時間」兩種概念，而替「五行」開拓而成為解釋空間的基礎概念，但也同時混淆了其本然表達時序的原初概念了。而《管子》一書既云「四時」，又曰「五行」，而又可用「五行」正「四時」。如果必須視之為有意義的話語，在此就必須解釋為：儘管是以太陰月的時序來規範人事活動，也絕對不能踰越太陽運行的週期日數；換言之，太陽年才是人類與動植物生長活動最原初，亦為最終之規範了。〔註14〕

　　由於上古中國在法家出現以前，向來全然是以「法先王」作為政治的標準及效法的對象，因此古禮、古曆雖殘而能猶存。當然的，古曆也是現行曆法奉以圭臬的參照標準。而在《淮南子‧天文訓》中，就正是僅就太陽運行的小週期──「日」，來劃分太陽運行的大週期──「年」，而絕無參照「月亮」的週期性曆制。是故可以得知，古代以農作為主的生活型態，本來就僅止於太陽年的五分法作為植物生長狀況的劃分標準。而漢代稱為「陽」，因此在曆法上，太陽就與「五行」產生觀念上的連結，而「五行」原本就是應對於自然界中，生長狀態受太陽影響的植物，所產生的行事準則了。

參、五行曆的相關文獻記載

　　由某些記載來看，古人顯然是相信五行曆是曾經存在過的。例如：

拘絞也。戊承丁，象人脅。凡戊之屬皆从戊；己：中宮也。象萬物辟藏詘形也。己承戊，象人腹。凡己之屬皆从己；庚：位西方，象秋時萬物庚庚有實也。庚承己，象人齎。凡庚之屬皆从庚；辛：秋時萬物成而孰；金剛，味辛，辛痛即泣出。从一从辛。辛，辠也。辛承庚，象人股。凡辛之屬皆从辛；壬：位北方也。陰極陽生，故《易》曰：『龍戰于野。』戰者，接也。象人裹妊之形。承亥壬以子，生之敘也。與巫同意。壬承辛，象人脛。脛，任體也。凡壬之屬皆从壬；：冬時，水土平，可揆度也。象水從四方流入地中之形。癸承壬，象人足。凡癸之屬皆从癸。癸，籀文从癶从矢。」筆者按許慎所言字之本義，與考察甲骨文字形所表之義並不完全相合，但是卻與曆法上所呈現的意義相符。

〔註14〕以太陽一年運動的規範劃分黃道24的節氣法，即可看出是為了再行調整或校對月亮在盈虧週期上有時29天有時是30天的不確定性。而不以五或十作為劃分的基礎，卻是以12的倍數24來進行劃分，正是為了配合後起之一年四時十二月的曆法。

《孫子兵法・虛實》：「夫兵形象水，水之形，避高而趨下；兵之形，
　　　　　　　避實而擊虛；水因地而制流，兵因敵而制勝。
　　　　　　　故兵無常勢，水無常形；能因敵變化而取勝，
　　　　　　　謂之神。故五行無常勝，四時無常位，日有
　　　　　　　短長，月有死生。

「四時無常位」即是指一年之中的季節更替；日有短長，如一年有夏至冬至
二日，即晝長夜短與晝短夜長，一年之中的白晝隨著時序變化而有其長短不
一的現象。而月有「死生」，顯然就是「生霸」、「死霸」來指稱月相在二十八
至三十天中的盈虧週期。〔註15〕由此來看，如果先不論「無常勝」的概念為
何，而以整句行文風格來看，可以使用下列的排列形式來表示。

　　故：五行無常勝，

　　　　四時無常位，

　　　　日有短長，

　　　　月有死生。

其中「五行」一詞與「四時」「日」「月」三者相對，基於「四時」、「日」、「月」
都是一年之中的短週期，其週期之回歸是以一年為限，是故「五行」的循環
顯然也是以一年為限，因此在《孫子兵法・虛實》篇中只能將「五行」理解
為一年分為五段的時序。

　　又如在《禮記・禮運》中所載：

　　　　五行之動，迭相竭也，五行、四時、十二月，還相為本也；五聲、
　　　　六律、十二管，還相為宮也；五味、六和、十二食，還相為質也；
　　　　五色、六章、十二衣，還相為質也。

文中的「五聲、六律、十二管，還相為宮也」，其中的「五聲、六律、十二管」

〔註15〕見王國維《觀堂集林・生霸死霸考》引《說文》，《尚書・周書》，《漢書・律
曆志》引《尚書・周書》，《漢書・律曆志》引《古文尚書・古城》及〈孔安
國傳〉，《古文尚書・康誥》之馬融注等。認為：「余覽古器物銘，而得古之所
以名日者凡四：曰初吉，曰既生霸，曰既望，曰既死霸。因悟古者蓋分一月
之日為四分：一曰初吉，謂自一日至七八日也；二曰既生霸，謂自八九日以
降至十四五日也；三曰既望，為十五六日以後至二十二三日；四曰既死霸，
謂自二十三日以後至於晦也。八九日以降，月雖未滿，然始生之明固已死矣。
蓋月受日光之處，雖同此一面，然自地觀之，則二十三日以後月無光之處，
正八日以前月有光之處；此即後世上弦、下弦之由分。以始生之明既死，故
謂之既死霸。此生霸死霸之確解，亦即古代一月四分之術也。」

指音樂；而「五味、六和、十二食，還相爲質也」，其中的「五味、六和、十二食」指飲食味覺；至於「五色、六章、十二衣，還相爲質也」，其中的「五色、六章、十二衣」指視覺色彩。

至於「五行、四時、十二月，還相爲本也」，其中「四時、十二月」很明顯的是指以一年爲限而回歸的較短周期，基於對仗的文句之中所引用的字詞應有概念上的一致性，例如上下相對的話，便泛指空間，因此「五行」應該也如同「四時、十二月」一般的概念，是爲劃分一個太陽年的時間周期，因此也應該具有曆法上時制的意義。

而在《淮南子・天文訓》中，直接認爲有五行曆，並且做詳細的說明：

> 甲子受致，木用事，火煙青，七十二日；丙子受致，火用事，火煙赤，七十二日；戊子受致，土用事，火煙黃，七十二日；庚子受致，金用事，火煙白，七十二日；壬子受致，水用事，火煙黑，七十二日。

另在《史記・曆書》中：

> 黃帝考定星曆，建立五行。

此句應亦爲五行曆法之存在之證據。

另外，根據戰國楚簡有：

> 命九月除路；十月而徒梁成，一之日而車梁成。〔註16〕

與《大戴禮記》《詩經・豳風・七月》所記載的有著相同之處。

另外根據《張家山漢簡・蓋盧》：

> 《蓋盧》：「黃帝之正（征）天下也，大（太）上用意（義），其次用色，其次用德，其下用兵革（戈），而天下人民、禽獸皆服。建執四輔，及皮（彼）大（太）極，行皮（彼）四時，環皮（彼）五德。」（第一章）

> 《蓋盧》：「蓋盧曰：「何胃（謂）天之時？申胥曰：九野爲兵，九州爲糧，四時五行，以更相攻。天地爲方圓（圓），水火爲陰陽，日月爲刑德，立爲四時，分爲五行，順者王，逆者亡，此天之時也。」」（第二章）

〔註16〕原文出於〈鮑叔牙與隰朋之諫〉。參見馬承源主編，《上海博物館藏戰國楚竹書（五）》（上海：上海古籍出版社，2005年）頁166～176。

　　《蓋廬》：「……珍（填）星，土也，六月土強，可以攻水；相星，

　　　　　　　水也，冬水強，可以攻火；營（熒）或（惑），火也，四

　　　　　　　月火強，可以攻金；此用五行之道也。」（第五章）

由此可見四時曆與五行曆法是並行而用的，因此可視五行曆是曾經被使用的曆法制度。

　　但是回顧《尚書》、《左傳》、《國語》三書，所有言及曆制者皆未曾提起五行是爲一種曆制，如果純就概念辨析，則五行曆是否存在，有以下幾種可能：

1. 遠古時期五行曆確實存在過，而且當四時曆出現後仍然透過某種形式留存。如少數地區仍採用，或書面資料，口耳相傳保留下來。

2. 遠古時期本只用四季曆，但因古代曆法本來即有強烈行事曆風格，某些民間地區遂不必理會四季法則，只需按一年五季的方式行事，而有五行曆，固其簡易而樸實，後人遂認定其爲古曆。

3. 從來不曾有過五行曆制，古人將《尚書·周書·洪範》之五行誤以爲行事曆，以訛傳訛遂以爲曾有之。

4. 本有過五行曆制，但其法未精，以致四時曆取而代之，僅留名稱，或稱而不論，或憑臆測而再造之。

　　以此幾種可能，則未改編的〈夏小正〉系統屬於 1、2、4，《淮南子》與《春秋繁露》系統則是四種可能皆有，且不論其眞僞如何，在戰國末年至秦漢之際，古人在觀念上已是認定有之，而五行成爲曆法的概念之時，五行已不能脫離「天」的範疇之外，而如何論述天地宇宙向來是中國傳統哲學之論述焦點，當五星之說蜂擁而起之時，五行與五星的概念隨著理論的發展而開始相互蘊涵且相互建構了。

第三章　從「五行」演變到「五星」

第一節　由天地結構觀到五行

本節概述

　　本節主要爲敘述古代在天文現象上所關注的焦點，如何由「歲、日、月、星辰」及「五星聚合」的意義，而逐漸衍伸發展「五行」成爲指稱「五星」的概念。並且附帶說明在春秋之時，已經具有祭祀天星的看法，在某些記載上雖然不言其有氣，但用後世所展的氣論進行了解，卻也毫無扞格之處。可知春秋時期雖然有時並無言及星氣，但是天星的力量可以影響人事，而人事之作爲亦可引發天星的力量。另外值得注意的關鍵是，在上古中國「五星」並稱本有其星占意涵，即是表示朝代更迭所呈現之天文異象，稱呼爲「五星錯行」或「五星聚合」，而且其與「五行」本來並不相關，但在「五行」觀念的擴充之下，「五星」與「五行」二者逐漸重合起來了。及至戰國末年而至於秦漢，「五行」在天則可以逕指爲「五星」了。

壹、西周時期的天文占星觀

　　古代的五星，其本來的名稱是「辰星」（水星）、「太白」（金星）、「熒惑」（火星）、「歲星」（木星）、「鎮星」（土星）。本來五星與五行毫無相關連，但是五星在上古時期有著某些占星上的意義，兩者因而逐漸混同。茲大致列舉如下：

《國語·周語》：「周景王二十三年：『昔武王伐殷，歲在鶉火，月在天駟，日在析木之津，辰在斗柄，星在天黿。星與日辰之位，皆在北維……歲之所在，則我有周之分野』。〔註1〕」

《國語·晉語四》：「歲在大梁，將集天行。元年始受，實沈之星也。」

《國語·周語下》：「昔武王伐殷，歲在鶉火，月在天駟，日在析木之津，辰在斗柄，星在天黿。星與日辰之位，皆在北維。」

而其中的歲星，除了在《國語》中有載，《左傳》也有七則：

〈襄公二十八年〉：「今茲宋鄭其饑乎，歲在星紀，而淫於玄枵，以有時菑，陰不堪陽。」

〈襄公三十年〉：「於是歲在降婁，降婁中而旦。」

〈昭公八年〉：「陳，顓頊之族也，歲在鶉火，是以卒滅。」

〈昭公九年〉：「歲五及鶉火，而後陳卒亡，楚克有之，天之道也，故曰五十二年。」

〈昭公十年〉：「今茲歲在顓頊之虛，姜氏、任氏實守其地，居其維首，而有妖星焉，告邑姜也。」

〈昭公十一年〉：「蔡凶。此蔡侯般弒其君之歲也，歲在豕韋，弗過此矣。楚將有之，然壅也。歲及大梁，蔡復，楚凶，天之道也。」

〈昭公三十二年〉：「不及四十年，越其有吳乎！越得歲而吳伐之，必受其凶。」

其中之「歲」全指歲星（木星）。

而五星並稱者在《竹書紀年》有兩則：

〈帝癸十年〉：「五星錯行，夜中，星隕如雨，地震，伊洛竭。〔註2〕」

〈帝辛三十二年〉：「五星聚於房，有赤烏集於周社。〔註3〕」

〔註1〕 韋昭注：星，辰星也（水星），辰，日月之會也。
〔註2〕 帝癸即夏桀。
〔註3〕 帝辛即商紂。

而以上之資料，在此必須先分開然後依次討論。首先《左傳》中，先言之天象，並以二十八宿爲座標，進而觀察並用其名稱標定歲星運動所在的位置。另外所注重的「辰火」、「大火」或「火」，並非指熒惑（火星），而是指東方蒼龍七宿的「心宿」。是故「辰星」、「太白」、「熒惑」、「鎮星」幾乎全不在其觀察與敘述範圍之內。

其次在《國語·周語》中，倒是出現了一個很值得探討的敘述：先言歲星，次言月亮，再言太陽，再次論北斗，最後是五星中的辰星（水星）而這個次序與《尚書·周書·洪範》所言「五紀」：

> 一曰歲，二曰月，三曰日，四曰星辰

半天象半曆制的次序完全相同。在首章第一節已討論過，此引文有兩種解釋上的可能，而據《國語·周語》中所載，「歲、日、月、星辰」的確是先指天體，而次要意義才是依其運動所劃分出來的時間週期，所以「五日曆數」很顯然的只指觀測並計算而劃分時間的方法或方式。

再值得注意的是，將《國語》與《左傳》對比，《左傳》也是把「歲星」的觀察放在第一位，然後才旁及其他的星宿，即是《尚書·周書·洪範》中所言的「星辰」之義，而「日食」等雖有記載，但未有任何吉凶預測之描述或敘述。可知在東周時期，「歲星」與「星辰」的觀測，其主要的面向之一是顯現在政治演變的判斷或預言，而在作爲劃分時間的單位意義上，卻是相對的弱化。

如果回顧《尚書·周書·洪範》中有言曰：

> 稽疑，擇建立卜筮人。

的記載，那麼同篇所談到的「五紀」，也可能蘊含以天象占卜吉凶禍福的意味，因此《竹書記年》的天象紀錄，也應該是反映古人預測政治的心理狀態，也就是人可以按照天象說明人事。但是《竹書紀年》一書的眞僞可能有三：1.全僞：此書內文全是後人臆測虛構；2.全眞：即此書眞爲周代時憑記錄詳時傳抄下來；3.有眞有僞，其內容有眞實性，但爲後人傳抄時按照自己的行文語氣改寫，也可能竄入了與原文毫無相關的部份。

據美國漢學家班大爲先生著《中國上古史實揭秘》書中的考證曾對此做過研究，並佐以電腦計算，《竹書紀年》中所載的五星聚會當發生於西元前 1059 年 5 月 28 日，正同於《逸周書》與《竹書紀年》所稱的「文王受命九年。〔註4〕」，而五星錯行的記錄正好是文王受命五星聚會的前五一七年，即夏桀十

〔註4〕但《竹書紀年》誤差 12 年。

年。而五星的聚合週期，以現今的推算是516.33年。〔註5〕儘管《竹書紀年》並不完全是現今版本意義上的全真，但是其所記錄的天文現象則與歷史追述正是符合的。

　　既然五星聚會現象與朝代更替之間有時間上巧合的因素，再加上中國上古存在著星占傳說，而在夏末及殷周之際，有著五星災異（象徵舊政權衰敗）與祥瑞（象徵新政權興起）的觀念，那麼孟子說「五百年必有王者興」，其實並不足為奇。再據班大為先生所言（頁220～222），那就能解釋何以在《國語》、《左傳》之中大多未有並稱「五星」的任何記錄，一是在天文上，五星聚合的周期是五百一十六年，所以不可能經常性的出現。二是「五星」聚合只是象徵中央政權的更迭，因而以星占吉凶，就必然有其選擇性；也就是說，平時占星並不將五星聚合列入考慮，而是考慮以自身的政治地位，運用不同的方式來解釋不同的觀察對象。如將《尚書・周書・洪範》中「王省惟歲」與《國語・周語》中：「昔武王伐殷，歲在鶉火，月在天駟，日在析木之津，辰在斗柄，星在天黿。星與日辰之位皆在北維……歲之所在則我有周之分野。」這即是指出，武王之所以在討伐商紂時能採用「省歲」〔註6〕的「王制」，其依據乃是在於文王之時：「五星聚於房，有赤鳥集於周社」的祥瑞顯示天命轉移於周。

貳、東周戰國時期的五星天文觀

　　所以在遍歷《國語》、《左傳》等書中，常有觀歲星的紀錄，而並無經常論及五星，而好論五星之說，大抵皆為戰國時期之作。例如：

　　　　《文子・精誠》：「日月薄蝕，五星失行……日月見謫，五星悖亂。」

　　　　《文子・九守》：「日月失行，薄蝕無光，風雨非時，毀折生災，五
　　　　　　　　　　　　星失行，州國受其殃。」

　　　　《文子・下德》：「五星不失其行，此清靜之所明也。」

〔註5〕　班大為著，徐鳳先譯，《中國上古史實揭密：天文考古學研究》（上海：上海
　　　　古籍出版社，2008），頁42～47；211～221。

〔註6〕　《尚書・洪範》本有云「協用五紀」、「一曰歲，二曰月，三曰日，四曰星辰、
　　　　五曰曆數」。可見是指：歲、日、月、星辰四者皆用，是故所謂「王省惟歲」，
　　　　並非表示天子只觀察「歲星」，而不論其餘，應是指以歲星為主，其他為輔之
　　　　意。

其餘較多者只有熒惑（火星）了，如：

> 《新序‧雜事四》：「宋景公時，熒惑在心。」

> 《韓非子‧飾邪》：「又非天缺、弧逆、刑星、熒惑、奎台非數年在
> 東也。」

> 《呂氏春秋‧制樂》：「宋景公時，熒惑在心。〔註7〕」

> 《晏子春秋》：「景公之時，熒惑守于虛，期年不去。」

> 《文子‧精誠》：「熒惑逆行；政失於秋。〔註8〕」

其餘熒惑全在《淮南子》、《史記》、《漢書》、《春秋繁露》等漢代之書，說明
了熒惑之星名並非由來已久，而是始於戰國時期所起。而辰星之「辰」，同樣
也不見於《尚書》、《國語》、《左傳》等書。

是故「天有五星，地有五行」之概念在春秋時期尚未形成，但是天地之
間與天人之間的對應，仍在星占之中存在。〔註9〕在《左傳‧襄公九年》：

> 吾聞之，宋災，於是乎知有天道，何故，對曰，古之火正，或食於
> 心，或食於咮，以出內火，是故咮爲鶉火，心爲大火，陶唐氏之火
> 正閼伯，居商丘，祀大火，而火紀時焉，相土因之，故商主大火，
> 商人閱其禍敗之釁，必始於火，是以曰知其有天道也，公曰，可必
> 乎，對曰，在道，國亂無象，不可知也。

按孔穎達正義，「咮」是南方朱雀七宿中柳宿的火。「心」是東方蒼龍七宿的
心宿，此二者皆是「火」，如果沒有祭祀，以火記時，那麼商丘發生火災也不
奇異了。由此而論，在此幾點觀念可以歸結：

1. 已有《淮南子》、《史記》、《漢書》等分野觀，即天星對照地域。

2. 祭祀天星，正如後世五德服色及祭祀五帝論（火記時焉）

3. 若不善加疏導，天星所蘊含且可以影響人世的力量（以出內火），就有
   天火之災，如同後世知天人相感之說。

相似之說在〈昭公六年〉：

〔註7〕「宋景公時，熒惑在心。」已爲清華大學黃一農先生而證明其爲不實之虛構
　　　之記錄。見《自然科學史研究》第10卷第2期〈星占、事應與僞造天象——
　　　以熒惑守心爲例〉。

〔註8〕五星之名皆有，以下不贅引。

〔註9〕引文見《史記‧天官書》。

士文伯曰，火見，鄭其火乎，火未出而作火，以鑄刑器，藏爭辟焉，

火如象之，不火何爲。

士文伯認爲未有天象出「火」之前，鄭國的統治者卻先用火鑄刑器（鼎）就
會招致火災，也與《禮記》、《呂覽》、《淮南子》、《春秋繁露》所持觀點相同，
即不因其時而用其政，必導致災殃的觀點一致。另外在〈昭公十七年〉也有
類似的記載：

冬，有星孛于大辰，西及漢，申須曰，彗所以除舊布新也，天事恆
象，今除於火，火出必布焉，諸侯其有火災乎，梓慎曰：「往年吾見
之，是其徵也，火出而見，今茲火出而章，必火入而伏，其居火也
久矣，其與不然乎，火出，於夏爲三月於商爲四月，於周爲五月，
夏數得天，若火作，其四國當之，在宋衛陳鄭乎，宋，大辰之虛也，
陳，大皡之虛也，鄭，祝融之虛也，皆火房也，星孛天漢，漢，水
祥也，衛，顓頊之虛也，故爲帝丘，其星爲大水，水火之牡也，其
以丙子若壬午作乎，水火所以合也，若火入而伏，必以壬午，不過
其見之月，鄭禆灶言於子產曰，宋衛陳鄭，將同日火，若我用瓘斝
玉瓚，鄭必不火。」子產弗與。

其文有幾個特點：

1. 彗星（象徵掃除）入東方蒼龍七宿的心宿（火），也主火災（今除於火，
   火必出焉）
2. 用不同的曆法，就有合不合天道的問題。
3. 衛國屬顓頊之丘，主星爲大水。〔註10〕
4. 已用干支記日，並以干支爲卜，前爲丙子（火見水伏而合），後爲壬午
   （水上火伏而合）用夏曆預算，水火相合，且時日不久（不過其見之
   月）到了壬午，「火」就入伏了。

如果仔細審視以上幾例，大致可以看出《左傳》中所載占星之說，雖然
未言及「氣」，但是以與後世所論（《淮南子》）的「氣」）有其觀念上的相合。
古人凡言自然災異，就是與自然天象的結合來作論述與預測。正因「氣」在
天地之間流行，又首肇於天象，及至戰國，將改朝換代的表徵——「五星聚
合」中的「五星」，逐漸替代了本來「二十八宿」用來預測自然災異的概念（詳
見《文子》）只是這個概念在《左傳》中的星占部分還未有明確化的論述。

〔註10〕據《爾雅・釋天》邢昺說，室、虛皆屬北方七宿。

　　既然古人已有天地相對的結構觀，因此天的異變，也能導致人事的變化，也理所當的與地上的五行產生結構上的關連。

第二節　陰陽之氣是五行與五星連結的概念

本節概述

　　本節主要是由《左傳》、《國語》二書中記錄極為少數的有關陰陽之氣的論述，以之為討論的依據，並試圖解析：古人如何使用「氣」的概念，說明外在自然變化狀態之中的理序，並賦予萬物皆存有其氣的觀念，而當古人使用陰陽之氣來解釋土氣脈發之時，也就意味著「氣」的觀念逐漸與「五行」的觀念相互連繫，而可以同時發展五行有氣的觀念；至此「陰陽之氣」與「五行之氣」已發展出相當的關係性；而基於「五星」有氣，並且「五行」也有氣，因此「五星」與「五行」在概念上已是完全重疊，從而更形擴充五行一詞的內涵，而陰陽五行之所以連繫而且並舉也是肇因於此一觀點的發展。《淮南子》則更進一步的將太陽界定為火精，月球則為水精；星辰不過是淫而為精者。因此《國語》在論氣時，是先陰陽之氣而後有五行之氣，與《淮南子》論天象的先日月而後五星完全一致；至此陰陽五行也可同時表示日月五星。

壹、春秋時期陰陽之氣與五味五色五聲之關係

　　《左傳・昭公二十五年》有：

> 吉也聞諸先大夫子產曰，夫禮，天之經也，地之義也，民之行也，天地之經，而民實則之，則天之明，因地之性，生其六氣，用其五行，氣為五味，發為五色，章為五聲，淫則昏亂，民失其性，是故為禮以奉之，為六畜，五牲，三犧，以奉五味，為九文，六采，五章，以奉五色，為九歌，八風，七音，六律，以奉五聲，為君臣上下，以則地義，為夫婦外內，以經二物，為父子，兄弟，姑姊，甥舅，昏媾，姻亞，以象天明，為政事，庸力行務，以從四時，為刑罰，威獄，使民畏忌，以類其震曜殺戮，為溫，慈，惠，和，以效天之生殖，長育，民有好惡喜怒哀樂，生于六氣……。

而在〈昭公元年〉亦有：

> 天有六氣，降生五味，發爲五色，徵爲五聲，淫生六疾，六氣曰陰，
>
> 陽，風，雨，晦明也，分爲四時，序爲五節……。

前者之「氣」是規範於人爲制度的「禮」，禮制是因循效法天地而生，但是仍不脫天地自然發生論的觀點，而後者只純是自然發生論。而兩者皆能發爲五色、五聲、五味。然二者又有不同之處，試析而論之。

〈昭公元年〉

1. 氣是屬天。

2. 天之氣的變化組合有陰陽等六種，也就是說可以稱之爲天之陰氣、陽氣。

3. 氣是季節與氣候氣象的基本型態，一年因之而分爲四時（季）。

4. 六氣可以序爲五節，若與第三條合而觀之，則表示一年可以節分爲五段。

〈昭公二十五年〉

1. 禮是法天之明（明可謂日、月、星辰，未特指），因循地之性而來，即人爲制度由自然而來。

2. 禮可以生天地的六氣，可以用天地的五行。即指人之制度既然法天循地而來，亦可以發用出如同天地所發生的自然效應。

在此，如不先細論其中的大差異，在〈昭公元年〉條中可以看出前章所論一年五分的觀念，而「六氣」是由「四時」連結，進而說明，一年可以五分的概念（序爲五節），但是還未有詳盡的論述。然在〈昭公二十五年〉的條目中，「五行」，是天地所生，而且許多事物亦皆受天經地義的五行所規範了。雖然在此並不能將氣直接解讀構成「五行」的基本要素，但是同爲天地間所流行者，「五行」在內涵上已不是與「氣」截然毫無相關之事物了，而且陰陽與五行也開始有連繫性了。

貳、土氣與陰陽之氣的關係

另外在《國語・周語上》，也有兩則與「氣」有關的論述。

一是〈虢文公諫宣王不籍千畝〉：

> 宣王即位，不籍千畝。虢文公諫曰：「不可。夫民之大事在農，上帝之粢盛于是乎出，民之蕃庶于是乎生，事之供給于是乎在，和協輯睦于是乎興，財用蕃殖于是乎始，敦厖純固于是乎成，是故稷爲大

官。古者，太史順時覜土，陽癉憤盈，土氣震發，農祥晨正，日月
底于天廟，土乃脈發。」先時九日，太史告稷曰：「自今至于初吉，
陽氣俱蒸，土膏其動。弗震弗渝，脈其滿眚，穀乃不殖。」

二為〈西周三川皆震〉：

周幽王二年，西周三川皆震，伯陽父曰：「周將亡矣。夫天地之氣，
不失其序，若過其序，民亂之也。陽伏而不能出，陰迫而不能烝，
於是有地震。今三川震，是陽失其所而填陰也；陽溢而壯，陰源必
塞，國必亡。夫水土演而民用足也，土無所演，民乏財用，不亡何
待？昔伊雒竭而夏亡，河竭而商亡，今周德如二代之季矣；其川源
塞，塞必竭，夫國必依山川，山崩川竭，亡之徵也。川竭山必崩，
若國亡不過十年，數之紀也，天之所棄不過紀。」是歲也，三川竭，
岐山崩，十一年幽王乃滅，周乃東遷。

在前一條，直接稱「土氣」、「陽氣」，而且說明「土氣」的震發是由於「陽」
的積蓄而發動，也就是「陽氣」滿盈而從地下升起所造成的。

而後一條正如同《左傳・昭公二十五年》所論，陰陽之天地之氣，而且
有其秩序，若是混亂失去秩序，就有災異發生了。而在此也只能看出陰陽是
屬天地之氣，尚且不能遽論「陽」只是屬天，而「陰」只是屬地。比較需要
再注意的是「五行」中的土有「土氣」，「土氣」又是因為陽氣過盛而引起發
作的。在此有兩種可能，一是指「陽氣」是「土氣」的構成要素之一，二是
指「陽氣」並非「土氣」的構成要素，而只是「引動土氣」震發的要件。但
不論是哪一種可能，皆指出「陽氣」是比「土氣」作為解釋自然現象發生之
更為基本的要素與概念。

基於陰陽本為兩者相對的範疇，如果「陽氣」是為最基本的解釋自然現
象的概念，則「陰氣」也不可能不是基本的要素與概念。而「土」本身為「五
行」範疇之一，既然土有氣，因而同屬五行中的其餘四項，在春秋時期儘管
未有論述，然而後人必定循此軌跡而補足其餘四行亦是存有「氣」的論述。

而「氣」雖然作為陰陽之界定與說明者，然而在春秋之時，「氣」只是一
個可以意會而界定不明的概念，使用上也隨著不同的論述需要而產生眾多紛
亂的狀況，如以方向而分，則有「天氣」、「地氣」，以季節而分，則有「春氣」、
「冬氣」，以溫度而分則有「寒氣」、「暖氣」，以氣象而論則有「風」、「雨」
二氣。尤其是其中的「天氣」、「地氣」與「陰氣」、「陽氣」遂成為「五行」
說再發展的根源。

　　由西周而至春秋時期，「五行」之說本來主要使用在天文曆法，與生民所用之「五材」，進而作為人事施政的準則。另外在占星上，五行的使用主要是由歲星、日、月等座落於二十八宿的位置，以及二十八宿其中之星宿明暗起伏來論，至東周時期，占星之「五行」概念已漸與「五材」之自然屬性之說相互融合，成為吉凶災祥的解釋方式之一。再按《國語・周語》所載二則，可知「五行」中的土，已然再加強的指涉為自然界中原始的存在，並作為其餘如農業祭祀發展的重要源頭，其相關論述的內涵也豐富許多，已不僅僅是《尚書・周書・洪範》中「土曰稼穡」所呈現的單純。

　　另外值得注意的是，在先秦典籍中凡論及天文而目前亦可確定無後人纂入者，只有《呂氏春秋》一書，然其書亦無太多五星的記述，其中只有熒惑（〈制樂〉、〈明禮〉）與《韓非子・飾邪》、《管子・九守》等略同）。〔註11〕而及至漢代，五星之說卻蜂擁而起（如《淮南子》有〈天文訓〉、〈精神訓〉、〈本經訓〉、〈泰族訓〉；在《史記》有〈高祖本紀〉、〈孝景本紀〉、〈天官書〉、〈張耳陳餘列傳〉、〈律曆志〉、〈天文志〉；以及《說苑・辨物》），而尤以在《說苑・辨物》中，提出了五星與五行在概念上的連結之處。

參、五行是五星之氣所化，五星之氣是來自於陰陽

　　在西漢劉向的《說苑・辨物》中曰：

　　　　……察變之動，莫著於五星。天之五星運氣於五行，其初猶發於陰

　　　　陽……。

於此篇中有兩個重點：

　　1. 五星、五氣、五行其初皆由陰陽而來。

　　2. 五星、五氣、五行有一秩序性結構，氣由星主宰，而發用於五行。

　　此文不僅將「陰陽」、「氣」、「五星」、「五行」完整的敘述出來，並且已經明確的將陰陽的位階定於「五星」、「五行」之上，而以「氣」作為貫穿整體脈絡的關鍵。

　　而以「氣」作為宇宙的主要結構者，首推《淮南子・天文訓》。是故可知，「氣」之一名肇發於春秋時期，本是以陰陽二氣作為形構世界的首要概念，進而使「五行」與「陰陽」成為一運作與解釋自然現象的基礎。在此聯繫之

〔註11〕於春秋戰國時代之記錄最早者，惟《文子》中的〈精誠〉、〈九守〉、〈下德〉
　　　　等篇。

下，「陰陽」遂成爲高於「五行」的概念，但在現代哲學作於解釋的觀點中，「氣」才是眞正的最高概念。在古代中國，所謂的優越性並非是源於解釋概念上的定位，反而是在構成世界的主要起源者。因此作爲可以測知與代表天意之一的天象（其餘上有龜卜、筮占、夢），才是古代中國所關注的焦點。是故「氣」雖然能夠作爲解釋自然的最高概念，但在古代理論上則僅僅具有解釋功能的地位，而其功能之一便是再將「陰陽五行」之說再度統合於天文星象的解釋理論中，以便使「陰陽」、「五行」二者具有觀念或理論上的齊一性，藉由「氣」論，以使「五行」的原初概念成功的過渡至「五星」，而其統合的基準點則在於「精氣」。〔註12〕

　　最原初的精氣說首出於《呂氏春秋・圜道》：

　　　　天道圜，地道方，聖王法之，所以立上下。何以說天道之圜也？精

　　　　氣一上一下，圜周復雜，無所稽留，故曰天道圜。〔註13〕

在此的精氣，具有宇宙是由——氣流行而化生的概念，也類似《國語》中的陰陽二氣是交換而創生的觀點。然而在《呂覽》中，並未將之清楚的界說並確立，後人遂將「精氣」之說由「天道圜」的觀點開始轉化，成爲轉指天文中的「日、月、星」者了。〔註14〕

　　如在《淮南子・天文訓》：

　　　　天墜未形，馮馮翼翼，洞洞灟灟，故曰太昭。道始生虛廓，虛廓生

　　　　宇宙，宇宙生氣。氣有涯垠，清陽者薄靡而爲天，重濁者凝滯而爲

　　　　地。清妙之合專易，重濁之凝竭難，故天先成而地後定。天地之襲

　　　　精爲陰陽，陰陽之專精爲四時，四時之散精爲萬物。積陽之熱氣生

　　　　火，火氣之精者爲日；積陰之寒氣爲水，水氣之精者爲月；日月之

　　　　淫爲精者爲星辰，天受日月星辰，地受水潦塵埃。……陽氣爲火，

　　　　陰氣爲水。

《白虎通・天地》：

　　　　始起之天，始起先有太初，後有太始，形兆既成，名曰太素。混沌

　　　　相連，視之不見，聽之不聞，然後剖判清濁。既分，精出曜布，度

〔註12〕《管子・內業》：「精也者，氣之精者也。」可見「精」或「精氣」是指氣之最爲純粹而毫無雜駁者的稱呼。

〔註13〕《鶡冠子・精誠》：「萬物有以相連，精氣有以相導。」

〔註14〕「精氣」與「一上一下」一詞是爲創生宇宙萬物的解釋概念，其指爲日月，是運用於天文天象的概念中，並非在文本所有之處皆指稱爲日月。

物施生。精者為三光，號者為五行。行生情，情生汁中，汁中生神
明，神明生道德，道德生文章。故《乾鑿度》云：「太初者，氣之始
也。太始者，形兆之始也；太素者，質之始也。陽唱陰和，男行婦
隨也」。

在《淮南子》中，太陽是「火氣之精」，而火是積「陽之熱氣」。同理，則月
是「水氣之精」而水是積「陰之寒氣」。而所謂的「淫」是「多而不正」。〔註
15〕在《白虎通義・天地》中雖未直言「精氣」一詞，但也明確表示三光（日、
月、星）是由氣之精者而成。而在《淮南子》中，不僅將日月星辰的同質性
作宇宙論式的說明，也同時將「五行」中的水火提升到較高的層次與地位。
茲圖示於下：

$$氣 \begin{cases} 陽氣——熱氣積——日（火精） \\ 陽氣為火，陰氣為水 \\ 陰氣——陰氣積——月（水精） \end{cases} 星辰（淫而為精者）\longrightarrow 五行$$

由此可知，在《淮南子》精氣觀的建構下，又將陰陽五行（五星）再一
次的連繫，而所謂的日、月、星三光，與陰陽五行（日、月、五星）已在天
文領域中的解釋上成為一個相互不可分割的系統了。

第三節　以齊七政與星神崇拜到陰陽五行

本節概述

本節主要說明古人對於「以齊七政」的觀點演變——即由運轉北斗七星
之天帝，逐漸衍伸至五星之帝。七政也由北斗七星之義，轉化成為日、月、
五星，即是後世所用之陰陽五行的天文意義。又基於五星本來著朝代更迭，
星神的五帝之說，又與歷史政治上傳說的上古五帝相互結合，因而在此連結
之下，五帝之說遂發展出另一個政治概念上的面向，即為朝代更迭的五帝五
德之說。

〔註15〕請參照左傳〈隱公三年〉、〈桓公六年〉、〈莊公十一年〉、〈莊公二十二年〉、〈僖
公十九年〉、〈僖公二十三年〉、〈文公六年〉、〈宣公四年〉、〈宣公九年〉、〈宣
公十二年〉、〈成公二年〉、〈成公五年〉、〈襄公十四年〉、〈襄公十五年〉、〈襄
公二十五年〉、〈襄公二十九年〉、〈昭公元年〉等篇。

壹、七政本指北斗七星之政，即上帝之政

在《尚書·舜典》中有日：

> 在璿璣玉衡，以齊七政。肆類於上帝，禋於六宗，望於山川，遍於群神。輯五瑞。既月乃日，覲四岳群牧，班瑞於群後。

在〈孔安國傳〉日：

> 璿美玉璣衡玉者，正天文之器可運轉者。七政，日月五星各異政。

可知在孔安國時，已是將「七政」解釋爲「日月五星」之政，而漢代諸多典籍，亦視爲如此。〔註16〕在順此理路而下，七政大致是何種內涵，並不難以理解，即是以天文現象，佐以曆制爲施政的方針與行事之準則。只是「璿璣玉衡」是天文觀測儀器之說，只有孔安國主張，而漢初另外有兩者卻是主張爲北斗星群：即古代所稱的北辰，一是劉向著作之《說苑·辨物》：

> 《書》曰：「在璿璣玉衡，以齊七政」。璿璣謂此辰勾陳樞星也。以其魁杓之所指二十八宿爲吉凶禍福……。

即是把現今所稱的北極星及北斗七星連稱，可知並不把「璿璣玉衡」看做天文儀器。

二是太史公司馬遷所著《史記·天官書》：

> 北斗七星，所謂「旋、璣、玉衡以齊七政」。杓攜龍角，衡殷南斗，魁枕參首。用昏建者杓；杓，自華以西南。夜半建者衡；衡，殷中州河、濟之閒。平旦建者魁；魁，海岱以東北也。斗爲帝車，運于中央，臨制四鄉。分陰陽，建四時，均五行，移節度，定諸紀，皆系於斗。

至於何若爲眞確，在此並不能直接判定，但後二者之所論，卻顯然有其強而有力的依據，按古代觀測天文，北斗七星（斗）經常是一個常被注意的星象，如：

> 《周易·豐·六二》：「豐其蔀，日中見斗，往得疑疾，有孚發若，
> 　　　　　　　　　　吉。」

> 《周易·豐·九四》：「豐其蔀，日中見斗，遇其夷主，吉。」

> 《大戴禮記·夏小正·正月》：「斗柄懸在下。」

> 《大戴禮記·夏小正·六月》：「初昏斗柄正在上。」

〔註16〕《史記·天官書》內容亦同於《漢書·天文志》與《漢書·律曆志》。

《禮記‧月令》：「仲冬之月，日在斗。」

《鶡冠子‧環流》：「惟聖人究道之情，唯道之法，公政以明。斗柄
東指，天下皆春，斗柄南指，天下皆夏，斗柄
西指，天下皆秋，斗柄北指，天下皆冬。斗柄
運於上，事立於下，斗柄指一方，四塞俱成。
此道之用法也。」

而在《說苑》中，並不如同現代把北辰（北極星）與北斗（魁杓）是爲二者，
而只是北辰的一部份。而的確，北辰與斗本來就具備著視覺上的關連性，即
斗杓永指北辰，而斗柄以北辰爲中心指外。因此就北辰與北斗也具備天文與
曆制上的指標功能性，在《史記》中更明言：

斗爲帝車，運于中央，臨制四鄉。分陰陽，建四時，均五行，移節
度，定諸紀，皆系於斗。

斗既然是帝車，北辰當然就只能是帝了。而至於這個帝，在《尚書‧虞書‧
舜典》：

在璿璣玉衡，以齊七政。肆類於上帝。〔註17〕

可知帝是指上帝，也就是天帝。由此可知，在漢代之時所認知的上帝是居於
北辰之中。

貳、星帝是轉移七政爲陰陽五行之關鍵

在《淮南子‧天文訓》中也認爲五星也有五帝：

何謂五星？東方，木也，其帝太皞，其佐句芒，執規而治春；其神
爲歲星，其獸蒼龍，其音角，其日甲乙。南方，火也，其帝炎帝，
其佐朱明，執衡而治夏；其神爲熒惑，其獸朱鳥，其音徵，其日丙
丁。中央，土也，其帝黃帝，其佐後土，執繩而制四方；其神爲鎮
星，其獸黃龍，其音宮，其日戊己。西方，金也，其帝少昊，其佐
蓐收，執矩而治秋；其神爲太白，其獸白虎，其音商，其日庚辛。
北方，水也，其帝顓頊，其佐玄冥，執權而治冬；其神爲辰星，其
獸玄武，其音羽，其日壬癸。太陰在四仲，則歲星行三宿，太陰在

〔註17〕《史記‧五帝本紀》：「舜乃在璿璣玉衡，以齊七政。遂類于上帝。」；《史記‧
封禪書》：「舜在璿璣玉衡，以齊七政。遂類于上帝」；《漢書‧郊祀志》：「《虞
書》曰，舜在璿璣玉衡，以齊七政。遂類于上帝。」

四鈞，則歲星行二宿，二八十六，三四十二，故十二歲而行二十八宿。日行十二分度之一，歲行三十度十六分度之七，十二歲而周。熒惑常以十月入太微，受制而出行列宿，司無道之國，爲亂爲賊，爲疾爲喪，爲饑爲兵，出入無常，辯變其色，時見時匿。鎮星以甲寅元始建斗，歲鎮行一宿，當居而弗居，其國亡土，未當居而居之，其國益地，歲熟。日行二十八分度之一，歲行十三度百一十二分度之五，二十八歲而周，太白元始以正月建寅，與熒惑晨出東方，二百四十日而入，入百二十日而夕出西方，二百四十日而入，入三十五日而複出東方，出以辰戌，入以丑未。當出而不出，未當入而入，天下偃兵；當入而不入，當出而不出，天下興兵。辰星正四時，常以二月春分效奎、婁，以五月下，以五月夏至效東井、輿鬼，以八月秋效角、亢，以十一月冬至效斗、牽牛，出以辰戌，入以丑未，出二旬而入。晨候之東方，夕候之西方。一時不出，其時不和；四時不出，天下大饑。

在淮南子中，「帝」顯然是比神還高一級的存在的名稱，其神爲歲星等五星，其實「星」是精氣所凝，而其運行變化是由「帝」所使。〔註18〕

當然五帝的內涵是逐漸擴充而成，然在秦末漢初，已有五帝之說，如在《史記‧封禪書》：

二年，東擊項籍而還入關，問：「故秦時上帝祠何帝也？」對曰：「四帝，有白、青、黃、赤帝之祠。」高祖曰：「吾聞天有五帝，而有四，何也？」莫知其說。於是高祖曰：「吾知之矣，乃待我而具五也。」乃立黑帝祠，命曰北畤。有司進祠，上不親往。悉召故秦祝官，復置太祝、太宰，如其故儀禮。因令縣爲公社。下詔曰：「吾甚重祠而敬祭。今上帝之祭及山川諸神當祠者，各以其時禮祠之如故。」

而其與傳統五方五色並沒有太大的出入了，像在《墨子‧貴義》中的「帝以

〔註18〕案集解補曰《春秋運斗樞》云：「太微宮中有五帝座。」《星河圖》云：「蒼帝神名靈威仰，赤帝神名赤熛怒，黃帝神名含樞紐，白帝神名白招拒，黑帝神名汁光紀」《春秋文曜鉤》云：「赤熛怒之神爲熒惑，位南方，禮失則罰出塡，黃帝含樞紐之精，其體璇璣中宿之分也。」尚書攷靈曜云：「歲星木精，熒惑火精，鎮星木精，太白金精，辰星水精也。」然則五緯即是五帝，長居太微則曰帝，運行周天則曰緯耳。文曜鉤又言：「東宮蒼帝，其精爲龍；南宮赤帝，其精爲朱鳥；西宮白帝，其精白虎；北宮黑帝，其精玄武。」則五帝布精四方，又爲二十八宿矣。

甲乙殺青龍於東方。」很明顯的，「帝」也應是自殷商以來的天帝。〔註19〕而在李零先生的《中國方術續考：太一崇拜的考古研究》亦指出漢代時的確有明顯的星神崇拜。〔註20〕既然星神崇拜的觀念高漲，而代表五帝的五行，也必須尋找與其概念可以相對的天星，又由於戰國以後的五德說與天文學上的五星概念強化許多，五星遂與五帝五行相結合，由於太陽代表天子的意涵早已確立。因此在董仲舒的《春秋繁露》也必須爲尚未定位的太陰再尋求其所能代表之意涵。而五星的五帝意涵本身就容易與上古傳說的五帝（黃帝、顓頊、帝嚳、堯、舜）相互結合，憑藉自殷商以來對祖先神的崇拜而稱「帝」，又再度強化自鄒衍以降的五德終始說在政治史上解釋的可信度。

對此馬絳（John S. Major）先生更直接主張五行本來的觀念就是源於五星的運行：「『五行』一詞本身也爲五行源於五大行星提供了線索。「行」有二義：移動和排行。五大行星包含有這兩層含意：只有他們是移動的星，因此行星以他們的運行而引人注目。並且以爲五大行星在某個時代開始是排成一行的（稱爲五星聚或五星連珠）最後五大行星又將歸於一行（漢代天文學家很注重計算五星連珠的周期來決定這樣的時代）。在周代五大行星通常稱爲「五步」，「行」作爲動詞，是步的近義詞。在高本漢擬構的古漢語語音中「五行」、「五皇」是雙關語（行與皇古音聲母和韻步都相同）。」〔註21〕他提出了一個假設：「春秋或更早以前，中國人以五大行星爲神，每神掌管某類活動和自然變化。在戰國之世，神的這種作爲宇宙模式的功能被抽象成爲哲學原則，產生了五行這個術語；這個概念的來源顯示了術語的選擇。」雖然並無相對的證據可以支持此段推論，但在觀念上卻是不能否定此種可能性，就算此一概念並非源於上古，然而漢代之時卻是絕對以此觀點解釋五行與五星之間的關係，在《淮南子》一書中就已經完全的反映出這一觀點。

而在《張家山漢簡・蓋廬》中：

> 蓋廬曰：「凡攻之道，何如而喜，何如而有咎？申胥曰：凡攻之道，
> 　　　　德義是守，星辰日月，更勝爲右。四時五行，周而更始。
> 　　　　大白，金也，秋金強，可以攻木；歲星，木也，春木強，

〔註19〕而其於《墨子・迎敵祠》也與〈貴義〉相類，考諸墨子所論顯然偏重於論「刑」而不論德。

〔註20〕頁 216～217。

〔註21〕馬絳，〈神話、宇宙觀與中國科學的起源〉，收錄於艾蘭、汪濤、范毓周主編，《中國古代思維模式與陰陽五行說探源》，頁 110。

可以攻土；殄（填）星，土也，六月土強，可以攻水；相
星，水也，冬水強，可以攻火；營（熒）或（惑），火也，
四月火強，可以攻金：此用五行之道也。」（第五章）

可瞭解文本中也存在著五行思想往五星概念過渡的觀點。

　　而陰陽四時與北斗的關係於天文曆法上更為明確，如淮南子所論陰氣陽
氣之精凝為日月，且其運行在一年四時之中，與陰陽之氣的分布與流動，即
季節寒暑變化有著非常顯著的關連性，而斗柄之所指所向者，如以上下分（見
《大戴禮記・夏小正》）即是一年陰陽兩分，即陽氣或陰氣始作。如以四方分，
即是一年之四季（見《鶡冠子・環流》），而五行更是以星神與氣的概念強化
了與五星的關連。至此，陰陽與五行已藉由天文曆法神明與氣四個概念，完
全的相互連結。然而陰陽僅只保留在對於天地自然萬物的解釋，與政治上行
事措施指導的領域；而五行論卻憑藉著《竹書紀年》中所記載的五星聚合或
五星錯行，持續的朝向朝代更迭的歷史解釋邁進。

第四章　從五帝德到五德終始

第一節　從五行無常勝到五德相勝

本節概述

　　本節主要是解析由東周時期的「五行無常勝」形諸於不同文本的幾段敘述，並嘗試說明其間概念之異同，所謂「五行無常勝」與五行時序說、五材說、五行相勝說尚未渾然一體，而五德相勝終始之說則是主要採取了五行相勝、五星聚合及五行之氣、五帝政治觀等觀點，從而發展了五德相勝而終始的概念，而本節集中處理早於鄒衍的東周時期對於「五行無常勝」與五行相勝的問題，並由《史記》一書的記載與態度，約略說明五德終始一詞雖然出自鄒衍，但為其餘諸家學說所引用而產稱不同風貌，並且其內涵也隨著諸家所執持的主要理論，有所不同的變化，也建構成為不同的系統。

壹、東周時期的五行觀

　　五德終始論的重要理論之處，即是由五行相勝說建立五德更替的概念。但是考論五行相勝的起源，反而可以發現自春秋以至於戰國，五行相勝說並無定論，反而是「五行無常勝」的概念運用得較為廣泛，且諸說內涵頗有不一：

　　第一是《國語‧鄭語》：

　　　　故先王以土與金木水火雜，以成百物。

此段「五行」只做「五材」解，並無他意。

第二是《左傳‧昭公三十一年》：

> 十二月，辛亥，朔，日有食之，是夜也，趙簡子夢童子贏而轉以歌，旦占諸史墨曰，吾夢如是，今而日食，何也，對曰，六年，及此月也，吳其入郢乎，終亦弗克，入郢必以庚辰，日月在辰尾，庚午之日，日始有謫，火勝金，故弗克。〔註1〕

此段大多是在星占、及時占、日占上解釋並預言，而最後的「火勝金，故弗克」是最同於後世五行相勝之說者。

第三是《左傳‧哀公九年》：

> 晉趙鞅卜救鄭，遇水適火，占諸史趙，史墨，史龜，史龜曰，是謂沈陽，可以興兵，利以伐姜，不利子商，伐齊則可，敵宋不吉，史墨曰，盈，水名也，子，水位也，名位敵，不可干也，炎帝爲火師，姜姓其後也，水勝火，伐姜則可，史趙曰，是謂如川之滿，不可游也，鄭方有罪，不可救也，救鄭則不吉，不知其他，陽虎以周易筮之，遇泰之需曰，宋方吉不可與也，微子啓，帝乙之，元子也，宋，鄭，甥舅也，祉，祿也，若帝乙之元子，歸妹而有吉祿，我安得吉焉，乃止。〔註2〕

遇水適火，是指龜卜有水適火之象，水火相遇，火弱而不興，即是「沈陽」，齊屬姜姓，炎帝之後，所以可伐；宋是子商之後，子爲姓又占水位，所以稱爲「名位敵」，水爲壯盛之態，所以不可侵伐。由此看出，雖未直言五行、五方與氣，但是已可使用這些概念來解釋此段文字。

第四是《孫子兵法‧虛實》：

> 夫兵形象水，水之形，避高而趨下……故五行無常勝，四時無常位，日有短長，月有死生。

同本文第一章所論，五行是指曆制上五季的概念。而所謂的「五行無常勝」即是等同於「四時無常位」季節迭相更變之意。

〔註1〕 《左傳‧昭公三十一年》：「庚午之日……火勝金。」按天干地支論其五行屬性，吳軍伐楚入郢在庚辰，是上金下木，以金勝木，即至庚午，是上金下火，即爲火勝金，金受火剋，故吳不能滅楚。

〔註2〕 陽虎用《周易》占卦，遇〈泰〉之〈需〉，即是〈泰〉卦六五爻，爻辭是「帝乙歸妹，以祉，元吉。」又微子啓是帝乙的長子，是宋國開國之祖；而宋國與鄭國有聯姻，吉祿是在爲商後代的宋國，而不是在晉國，出兵救鄭是不利的。據杜預注：宋鄭爲昏姻，甥舅之國也。

　　而在《蓋廬》中，則是表明了基於時節的變化，利用五行相勝的法則進行攻伐。值得注意的是，《蓋廬》中的五行有季節的概念，也有五星的概念，也牽扯到「氣」的概念。

> 申胥曰：「凡攻之道，德義是守，星辰日月，更勝爲右。四時五行，
> 周而更始。大白，金也，秋金強，可以攻木；歲星，木也，
> 春木強，可以攻土；殄（塡）星，土也，六月土強，可以
> 攻水；相星，水也，冬水強，可以攻火；營（熒）或（惑），
> 火也，四月火強，可以攻金：此用五行之道也。」（第五章）

第五是《墨子‧經下》：

> 「五行毋常勝，說在宜。」按《經說》：「五合水土火，火離然，火
> 鑠金，火多也。金靡炭，金多也。合之府木，木離木。」〔註3〕

若按《經說》：

> 金之爲炭火銷融，仍是在於火多，炭火若少於金，反爲金所消弭。

而木擊木可以離析。〔註4〕可知在《墨子》中的五行是當「五材」的物質屬性，並認爲「五材」並無明確相勝或相剋的物理性質。

　　第六是《韓非子‧備內》：

> 今夫水之勝火亦明矣，然而釜鬵閒之，水煎沸竭盡其上，而火得熾
> 盛焚其下，水失其所以勝者矣。

〔註3〕 孫詒讓舊說：「五合，謂五行相合。水土火，疑當作『木生火』。張云：『五行自相合者，水土火金待火而合，木待金而合。』案：張說未知是否。火離然。此言火離木而然。易離象傳云『離，麗也』。《莊子‧外物》篇云『木與木相靡則然』。張云『火出於石而然於木，離其本』，未塙。火鑠金，火多也。金靡炭，靡，礦之假字。《說文‧石部》云『礦，石磑也』，研礦也，言金能礦研炭，使消散。金多也。張云：『所謂無常勝』。合之府水，道藏本、吳鈔本作『木』，非。畢云『府疑同腐』。張云：『水無不合』。案：畢、張說並未塙，此疑當作『合之成水』。言金得火則銷鑠而成水。《莊子‧外物》篇云『金與火相守則流』，是也。木離木。張云：『木必相離』。案：張說亦難通。疑當作『木離土』，離亦與麗同義。易離象云『百穀艸木麗乎土』。此釋《經下》五行毋常勝，說在宜』。」亦不甚確定。按吳毓江先生校注：認爲「離，失去也」，而「然」字作「燃」解，認爲水土火並在，則火不能燃，表示水、土皆能滅火，但「離然」也可以釋爲火盛之狀貌，如按原文「合水土火，火離然」也可以是指水盛於土制器中，火勢仍燃燒之貌，而久之火能乾水，也能貫通原文，是以此句未能確立其說。

〔註4〕 《墨子校注》引《呂氏春秋‧論威》：「今以木擊木則拌。」《呂氏春秋注》云：「拌，析也。」

其概念略同於《墨子‧經下》。「五行」一詞是作「五材」的概念來使用。

在此如將此六段文字並論可以發現，前四段文字是紀錄或成書於春秋時期，而後二段文字皆成於戰國中後期。在戰國之時，「五行」只做「五材」來理解，並未有其餘意涵；而前四段則不然，《孫子》是以季節曆法概念行使「五行」一詞的概念，而《春秋》一書則是以天文、干支構成的日時，其中的五行屬性來預測戰爭的發生與結果（昭公三十一年）；以及使用地支方位、五行方位、龜甲之兆來論吉凶（哀公九年）。而把《左傳》二段文字並列而觀，的確是「火勝金」、「水勝火」。而《國語》中雖未直稱五行，但也是把可稱「五行」的「土水木火金」作五材來解釋。而引文的二三四段，更是存在著明顯的呼應性，指出五行的確有著「相勝」的狀況，但在時日遷移的條件變化下，就產生了「無常勝」的情形。

是故可以得知「五行無常勝」，在春秋與戰國時期不僅除了文字上稍有變動的相異而以，更在其主要之意涵上根本大相逕庭。而春秋時期已有同於後世之相勝說，亦可爲《尚書‧周書‧洪範》之「五材」說，亦可爲曆制上的季節的「五行」之說，除了〈洪範〉的五材說之外，皆與天象曆法有關，而《左傳》二例更是運用在吉凶占卜。

是以可知：

1. 五行仍保留五材之義，五材並無相勝之說
2. 五行在東周的春秋時期仍有曆制規範之涵義
3. 五行之相勝是於占卜上且具有時日變遷的使用意義，且已與後世之「氣」與「德」的概念相同，而按時節變遷流轉之義，即爲後世五行相生之說的起源
4. 五行已可與方位地支相配
5. 用干支記日，干支已配五行。

而與五行相勝有關的引文二三四條，全是在使用在於論述戰爭的狀況。古人認爲天地自然之間的變化，有著不可直接觀察而得的力量在運作，敵對之雙方，各有稟受於天地中不同屬性的力量，而這種不同的力量並無如同「五材」數量的多寡來決定：如《墨子‧經下》所言，金多炭少而金能靡炭，按中國古代鑄鼎彝，刀劍等冶金技術之發達，豈能不知此理。然同一天地之運行，而運作之力量，其所稟受者但有不同，力量並無計數上的多寡之殊，而是在於不同屬性力量的盛衰，力量隨天地變化而流轉，而所稟受者只能以其

所秉受的性質而論，無法用多寡來衡量，是故僅能以得失及有無所受來論。如吳得庚金，而吳兵入郢都，後則楚得午火，是故吳終不能滅楚。

貳、五行相勝與無常勝本應用於戰爭概念

所以五行相勝之說，本起於天象星辰，而干支即是此種天地力量流變的象徵。而《孫子‧虛實》的「五行無常勝」除了隨著時間流逝、季節更代而五行無有常在之理的意涵外，另外在《左傳》中也表示著，五行可以因為天地間的力量有所變更而受剋制，同時也是象徵時間與空間流變的符號。

所以在古人的記載中，五行與干支是可以用來測知未來事態的發展，且其基本概念仍不脫天象及時序變化的架構在思索。

既是如此，古人於征討之時，一個十分重要的焦點就是得不得天的問題。而且在上古中國，利用征討來取得政權的正當性是一個關注的重心。從武王伐紂克商就可以看出這點。〔註5〕而天象中的日、月、歲星、星宿、方位及天地之間運作的陰氣、陽氣及五行，皆是用來測知天意及未來變化的工具，而在歷史上五星聚合（或稱錯行）正是三五更迭的一個象徵，而戰爭的成敗與否又是可以憑藉五行相勝來判斷，因此在後世的觀念之中，不僅與五星相互結合，而由黃帝征蚩尤，敗炎帝以降的朝代更迭的大規模戰爭，也可以用五行相勝的概念來說明。

參、五德之說已非鄒衍本說

據《史記‧孟子荀卿列傳》：

> 騶衍……乃深觀陰陽消息而作怪迂之變……其語閎大不經，必先驗小物，推而大之，至於無垠。先序今以上至黃帝，學者所共術，大并世盛衰，因載其禨祥度制，推而遠之，至天地未生，窈冥不可考而原也。……稱引天地剖判以來，五德轉移，治各有宜，而符應若茲。

另外〈封禪書〉云：

> 騶子之徒論著終始五德之運，及秦帝而齊人奏之，故始皇采用之。……騶衍以陰陽主運顯於諸侯，而燕齊海上之方士傳其術不能通，然則怪迂阿諛苟合之徒自此興，不可勝數也。

〔註5〕請參照《詩》、《書》、《春秋》、《論語》、《孟子》以及《國語》之相關部分。

在此，司馬遷認爲「五德終始」是「作怪迂之變」、「其語閎大不經」而習其學者皆是「怪迂苟合」之徒；然在〈十二諸侯年表〉中卻只論：

> 呂不韋者，秦莊襄王相，亦上觀尚古，刪拾春秋，集六國時事，以爲八覽、六論、十二紀，爲呂氏春秋。……漢相張蒼歷譜五德，上大夫董仲舒推春秋義，頗著文焉。

司馬遷相對於《呂氏春秋》、董仲舒及丞相張蒼並無譏評之語，如果是有所忌諱避而不談，而與《史記》其它篇章之任意褒貶則有所不合。〔註6〕而在〈太史公自序〉中也不排斥陰陽五行。如回顧〈秦始皇本紀〉，則有一段頗值得推敲之文句：

> 始皇推終始五德之傳，以爲周得火德，秦代周德，從所不勝。方今水德之始，改年始，朝賀皆自十月朔。衣服旄旌節旗皆上黑。數以六爲紀，符、法冠皆六寸，而輿六尺，六尺爲步，乘六馬。更名河曰德水，以爲水德之始。

既然秦始皇還得「推」五德之傳，然後才「以周得火德」亦即表示了鄒衍的「終始五德之運」與《呂覽》、《史記》及董仲舒之說其實大相逕庭，與漢代所稱「五帝之德」或「五星」、或與《史記》、《春秋》所錄也並無太大關聯，甚至可能與《呂覽》明確的指出秦該當水德皆無所相涉；也就是說，秦始皇採用了鄒衍理論中某些觀念上的架構，而作出了周得火德，秦得水德的看法。而鄒衍之說則未必明言上古帝王必然該當何德，並且其說大抵也與春秋戰國以來對於陰陽五行的觀點有著爲數不少的牴觸。〔註7〕而鄒衍的「終始五德」大抵只存一名號，還有一些「從所不勝」的概念與理論，爲以後論陰陽五行者所保留，其餘者即被認爲「怪迂之變」、「閎大不經」、「其術不能通」，習之者皆爲「怪迂苟合之徒」。而史書中所傳承的相關概念與諸多演變，及諸家學說與天文曆法，大抵早已按其本來理論的主軸而消解與融合鄒衍的理論與概念。亦可謂，眾多學說僅是稍有使用鄒衍之理論脈絡與架構而已；可見鄒衍「終始五德」的本來內涵及至秦漢之際大多已然名存實亡了，而兩方

〔註6〕 如將項羽、呂后列〈本紀〉，孔子列〈世家〉，貶漢武而推崇李陵等。

〔註7〕 〈十二諸侯年表〉：「魯君子左丘明懼弟子人人異端，各安其意，失其眞，故因孔子史記具論其語，成左氏春秋。」，而《史記》亦採用《左傳》爲史料，故知司馬遷曾觀覽且並未排斥《左傳》所記陰陽五行之說，而《史記》之〈禮書〉、〈樂書〉、〈律書〉等亦採用陰陽五行之說。

面的結合終造就了自鄒衍始，而至《呂氏春秋》與《淮南子》對五德終始的理論。〔註8〕

第二節 三皇、五帝、三王論

本節概要

　　主要先以《史記》的記錄作爲討論之依據，說明三王五帝政治說的由來與其相關概念之沿革，並援引戰國諸子之說如《莊子》、《荀子》、《管子》、《韓非子》、《晏子春秋》、《孟子》、《慎子》、《商君書》，以及雜史《越絕書》，說明五帝三王概念之流變。本來在呂氏春秋以前，五帝與三王各有所指，不相混同。而在呂氏春秋將論語的三王體系併入五德之說，從而確立了五帝的歷史世系之後，具有政治史意義的五德世系，才有明確的歸屬。在五帝之德的劃分清晰之後，所謂五德與五行的相配才能順理成章，而曆制（正朔、歲首）與服色的使用，也順隨陰陽五行說而有了明確的規範。從此之後也可由象徵某德的祥瑞來預言繼起之朝代。當政權更替的五德說確立之後，也反向的強化五行之說的重要性。

壹、三皇五帝概念的演變

　　按《史記·始皇本紀》：

> 丞相綰、廷尉斯皆曰：「昔者五帝地方千里，其外侯服夷服諸侯或朝或否，天子不能制。今陛下興義兵……自上古以來未嘗有，五帝所不及。臣等謹與博士議曰：古有天皇，有地皇，有泰皇，泰皇最貴。臣等昧死上尊號，王爲泰皇……。」王曰：「去泰，著皇，采上古帝位號，號曰皇帝。」

太史公司馬遷去秦未遠，此一記載應有所本，並非杜撰。然其《史記》亦只有五帝之本紀，並無三皇本紀，故三皇是爲何人，不只是無有定論而已，甚至連太史公亦無以得聞也，唐司馬貞《索隱》亦語焉不詳的說：

〔註8〕　《蓋盧》：「黃帝之正（征）天下也，大（太）上用意（義），其次用色，其次用德，其下用兵革（戈），而天下人民、禽獸皆服。建執四輔，及皮（彼）大（太）極，行皮（彼）四時，環皮（彼）五德。」（第一章）由此可見此處所稱的五德與後來政治論上的五德終始實際上並無關聯，是故不予討論。

天皇、地皇之下即為泰皇，當人皇也。

而《封禪書》云：

> 昔者太帝使素女鼓瑟而悲。蓋三皇以前稱泰皇。一云泰皇、太昊也。

司馬貞認為三皇應是指天皇、地皇、人皇，而泰皇是三皇之前就存在的政治名號。用「一云」之詞，即表示是一個在歷史上不完全確定的說法。而所謂的「泰皇」是指太昊，在《史記・孝武本紀》的〈索隱〉引顏師古云：

> 太帝即太昊伏羲氏，以在黃帝之前故也。

在《史記・孝武本紀》（亦見〈封禪書〉）：

> 或曰：「泰帝使素女鼓五十弦瑟，悲，帝禁不止，故破其瑟為二十五弦。」

以上這些歷史記載，其實比較像是神話的文化符號說明，當然按歷史觀點，有其名號必有其人，但在歷史考證上，實屬難以確定，如〈五帝本紀〉：

> 軒轅之時，神農氏世衰。諸侯相侵伐，暴虐百姓，而神農氏弗能征……
> 炎帝欲侵陵諸侯……與炎帝戰於阪泉之野。

而〈集解〉云：

> 易稱庖羲氏沒，神農氏作，是謂炎帝。

此二記錄似有不合之處。因為按〈五帝本紀〉所說，「神農氏世衰」已「弗能征」而「炎帝」發動戰爭，與黃帝戰於阪泉，因此神農非炎帝；而按〈集解〉所云，神農就是炎帝，可知黃帝之時及之前史事難以稽考。

不過在此可確定，「皇號」僅出於李斯等議尊號之時，而在〈五帝本紀〉及〈封禪書〉中大多只有「帝」號，如太帝、炎帝、黃帝。自黃帝後就是只有「帝顓頊」、「帝嚳」、「帝堯」、「帝舜」等稱呼，在〈五帝本紀〉亦載：

> 自黃帝至舜、禹皆同姓而異國號，以彰明德……。

按此而論，則上古之時雖姓氏變化相當之大，然皆承襲同一血統，或可用「伏羲氏、神農氏、軒轅氏」血統朝代來論，自黃帝以下，因皆同出自黃帝血統，雖然國號、姓氏不同，然皆只稱帝號而曰「帝某」，而未有以其國號或用其它稱呼冠在帝號之前，以表示是黃帝之後。而「炎帝」只是另一個有帝號之政治集團的稱呼。而「三皇」論不知由何而出，其傳說亦不明，然自《史記・始皇本紀》之錄後，遂有紛紛議論。然而「三皇」之號既出，總須考而定之。姑不論考定正確與否，按李斯等言，「三皇」似出於「五帝」名號之前，而秦始皇也就認可此一名號順序，自命「皇帝」了。

貳、三王之說篡入五帝之說

而「三王」之說亦出於秦始皇言：

> 古之五帝三王，知教不同，法度不明，假威鬼神，以欺遠方……。

五帝三王雖非先出自於秦代中央政治集團，然以此觀之可知「五帝三王」之說已是政治論的學術之核心，凡論古今之政治異同，「五帝三王」是不可或缺之符碼。三王通常是指夏、商、周三代，但在已知典籍中，夏、商二代皆不用王號，而用帝號。如：

> 〈易・歸妹〉云：「帝乙歸妹，其君之袂。」；
>
> 〈泰・六五〉：「帝乙歸妹，以祉元吉。」；
>
> 《尚書・周書・洪範》：「曰皇極之敷言，是彝是訓，於帝其訓。」；
>
> 《尚書・周書・多方》：「以王於帝乙。」

其餘如〈堯典〉、〈舜典〉、〈大禹謨〉、〈益謖〉皆是統治者之尊稱，若在〈夏本紀〉是帝啓、帝太康、帝仲康、帝少康等；〈殷本紀〉是帝外丙、帝中壬、帝太甲至帝紂。

而在〈周本紀〉中則有記載周代以「王」稱前代統治者：「穆王將征犬戎……商王帝辛大惡於民。」然而尚多用「帝」，如〈周本紀〉：

> （幽王）三年，幽王嬖愛褒姒……周太史伯陽讀史記曰……有二神龍止於夏帝庭……夏帝卜殺之與去之與止之……。

合而論之，則知上古僅有周代以「王」稱號，周代以前皆只用「帝」，所謂「三王」乃是用周代之稱推至夏、商。至春秋之時，孔子及其弟子常將夏、商、周三代並論，雖不用王號稱之，然學者對夏、商之概念或已可與以王爲號的周等量齊觀矣。如：

> 《論語・衛靈公》：「顏淵問爲邦。子曰：『行夏之時，承殷之輅，服周之冕……』。」；
>
> 《先進》：「子張問：『十世可知也？』子曰：殷因於夏禮……周因於殷禮……。」

然而在《呂覽・有始》中卻建立了一個不太相同的五德世系：

1. 黃帝土德；
2. 夏禹木德；
3. 商湯金德（以上皆爲「帝」號）；

4. 周文王火德（武王晉封之「王」號）；

5. 水德尚未出。

呂不韋的五德世系與先秦諸子之論並不盡相同，五德之中尚含三代，又與神明論的「五帝」難以相互配合。然按〈始皇本紀〉亦言「五帝」，而不是用「三王」來言夏商周，如用「帝」而論，則與周代是用「王號」有略有不合之處，但細審《呂覽》，似另有一政治意涵，才作出如此的劃分。如果以《史記》所載的五帝傳說，大致可以察見約略的端倪：

《史記·五帝表》：

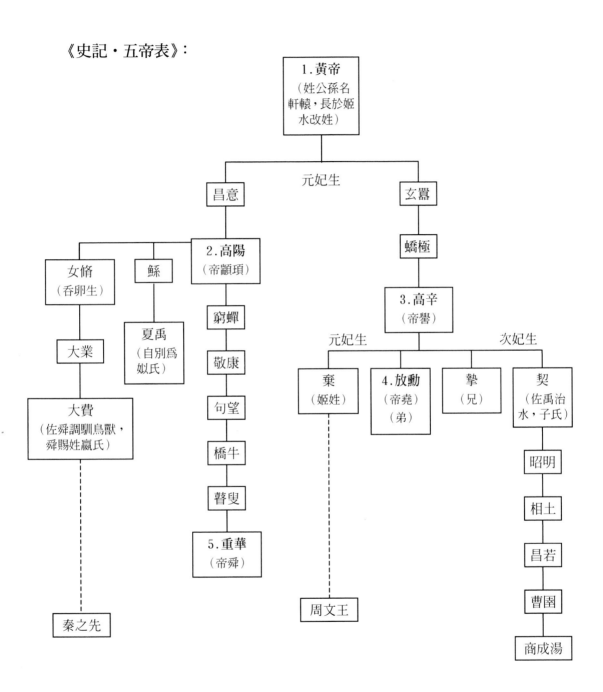

　　按上圖，《史記》所記或未可盡信，其世系或有紊亂，按黃帝至夏之前，是黃帝二子之後代相互承襲政權的貴族政治，雖然夏商周三代亦皆爲黃帝二子之後，然其中有些差別：1、按《國語》及〈史記五帝本紀〉，黃帝生二十五子，得其姓者十四人，而總共有十二姓。也就是在夏商之前的繼承者，是父子血緣一致而姓氏有別的，也是玄囂、昌意二者之子胤輪流執政的。2、夏商周三代，皆爲一姓繼承到底，直至被推翻爲止。所以按《呂覽》的分法則有暗喻：一爲後世水德五者亦是一姓相承；二者身爲秦宰相，當然是暗喻昌意之後的秦國，是有資格取代周朝，順便以五行相勝論，制定了未來秦帝國的方針（如服色）3、如果司馬遷是按古籍及耆老傳聞而作〈五帝本紀〉，那麼在之前的呂不韋大致上對上古歷史也是如此的認識（或有出入），不過這一世系有一個很確定的部分，玄囂後有二帝（帝嚳、帝堯、帝堯之兄曾即位而早死）及商周二朝。而昌意只有二帝（帝顓頊、帝舜）一朝（夏）呂不韋大概也暗喻天下應回歸於昌意之後（秦）。

　　所以在呂不韋之前所流傳的五帝說，在《呂覽》中反而可以成爲了具有強烈暗示性的預言工具，所以呂不韋將黃帝之後、夏朝之前的四帝，全都併到了以黃帝爲首的一朝之中。而這個說法似乎必須存在著一個前提，就是在《論語》中孔子用其政、教、言各一百年，故曰黃帝三百年之語。依據現今大致的推算，由黃帝至夏有三百七八十年左右，也約略符合。但是與歷史性稱呼的五帝則顯然格格不入；而且把三王併入五帝之說，使得帝與王的傳承，與劃分的界線跟著模糊。

　　司馬遷在《史記・五帝本紀》提到，五帝之時「薦紳先生難言之……儒者或不傳」而孔子曾傳於宰予。然而司馬遷卻是只能根據《左傳》、《國語》二書及訪問耆老而記錄，也就是說，五帝說恐怕只有「五帝」一詞是戰國諸子共通的認識，而其內涵卻隨著學者的認定可以有所不同。既然「五帝」究指何人難以認定（黃帝除外），呂不韋也很可能爲了避免學術困難而便宜行事，逕用五德之說爲新框架，將無所爭議的歷史認定作一新劃分，也順便歌功頌德式的作出新政權的預言。更何況也確立了政治上的學術高度，未來可以對國家進行政治指導。

參、三皇、五帝、三王、五霸是集結衆家之說而形成的架構

　　綜觀東周一代，諸多學者未提及五帝世系，三皇之說不明，連春秋五霸

究竟是指哪五位國君都不能十分確定。或指齊、晉、秦、宋、楚或有去宋秦而加吳越。但是這個歷史劃分的框架，卻是在戰國結束之前就因百家爭鳴下構築出來了：

三　　皇 —— 五　　帝 —— 三　　王 ┬ 五　　霸

莊子天運	莊子天運、秋水、在宥	莊子秋水、在宥	孟子	商君書錯法
史記始皇本紀	荀子大略、解蔽	荀子大略、解蔽	告子下	慎子威德、修權
	管子正世	晏子春秋十四		韓非子忠孝
	史記五帝本紀	管子正世、中匡		
	韓非子五蠹	韓非子忠孝、五蠹		
		孟子離婁下		
		商君書錯法		
		慎子威德、修權		

至於三皇五帝具體之名號，各書所載不同，列表如下：

書　名	古帝王名氏								附記
《國語》、《禮記·祭法》			（炎帝）	黃帝	顓頊	帝嚳	堯	舜	未說明五帝而與《五帝德》之五
《五帝德》、《帝繫》			（炎帝）	黃帝	顓頊	帝嚳	帝堯	帝舜	《五帝德》說明「五帝」
《呂氏春秋》	三皇	神農	（炎帝）	黃帝	顓頊	帝嚳	帝堯	帝舜	其系統為三皇、神農、五帝
秦始皇時王綰所奏	天皇、地								其系統為三皇、五帝，但未言五帝為誰

書　名	古帝王名氏								附記
《國語》、《禮記·祭法》				（炎帝）	黃帝	顓頊	帝嚳	堯	舜	未說明五帝　而與《五帝德》之五帝合
《五帝德》、《帝繫》				（炎帝）	黃帝	顓頊	帝嚳	帝堯	帝舜	《五帝德》說明「五帝」
《呂氏春秋》	三皇			神農	（炎帝）	黃帝	顓頊	帝嚳	帝堯	帝舜	其系統為三皇、神農、五帝
秦始皇時王綰所奏	天皇、地									其系統為三皇、五帝，但未言五帝為誰

資料來源：顧頡剛，〈五德終始說下的政治和歷史〉顧頡剛編著，《古史辨》第五冊，
頁 270～271。

　　而在《越絕書》中不僅三皇五帝、三王五霸一應俱全，還建立了一個新穎的觀念：

　　　　三王則三皇之苗裔也，五伯乃五帝之末世也。

《越絕書》是否為後人根據殘存史料改寫，還是單憑臆測而造，其實並不重要。在可確定的資料中，這個架構已經成形。而此架構對尊儒的漢代，造成了重要的影響，尤其是對《尚書》這個經學系統而言，若是帝王世系不明，《尚書》史料的來龍去脈不太容易解釋清楚，當然也連帶影響了部分《詩經》與《春秋》的解讀，尤其《尚書》乃上古之記言體，本來時序上的認定就不是非常清晰（不知是何年月），而在漢代，如連五帝所指何人都不明確，博士如何講學？更何況對某些共同史實因記錄之不同，五經的解釋角度也各有異（這也是東漢末年古文經學大盛，今文學派式微的原因）。西漢宣帝與東漢章帝都做過統一經義的工作（見《漢書·宣帝紀》、《後漢書·章帝紀》）而東漢班固撰之《白虎通義》或稱（《白虎通》）才把此歷史架構建構了一個完整的說明。（見《白虎通·卷二·論三皇五帝三王五霸》）

　　由於「三王」體系自孔子存在已久，呂不韋雖用五德說強行納入，乃是硬用政治理論強加在歷史事實的共識上。在呂不韋死後，秦始皇統一中國，果然用水德而且改了正朔（以亥十月為歲首，周用子十一月，商用丑十二月，夏用寅一月）。但是劉氏取得了天下，僅高祖至文帝就有漢屬火德、土德、水德三說（高祖未改正朔），若水德先不論，漢初總不能辰月（辰屬濕土）或用巳午之月（屬火）為歲首，因此曆法的二正說，因襲曆法而出現春秋學的三統說依然能存於西漢之時。漢代的《淮南》似已意識此一問題，正逢武帝元封七年、太初元年出現了「日月如合璧、五星如連珠」的天文奇象（武帝因此而改年號），如歷史上黃帝之時的天象，由此再確立了五行家（史記日者列傳）五德說的地位。

第三節　秦漢之際五德終始之政治論的確立

本節概述

　　主要說明五德終始論之細部概念在漢代初期所引發的政治問題，基於漢代應當為何德，在漢初一直未有定論，而五行相生與五行相勝一直並未得到妥善安排，也同時產生了五德何以只能相勝而未得相生在理論上不夠充分且完備的問題，因此相勝、相生之說必得調和，從而建立相應之政治措施。而五德終始說在秦代本就蘊含著貴族血統的政治觀點；及至漢代，劉邦以平民而為天子，缺乏貴族血緣正當性，是故神明之說的五帝論就顯得相對重要；因為稟承上天旨意的天子必須具備神性，劉邦的赤帝子傳說正可以彌縫其不足。而相勝相生之說的相容性則在利用自然與朝代分成兩個面向來安排，而人世間的帝王則以服色、政令、音律與明堂位來表示順隨五行相生之自然秩序。

壹、五德是政治議題

　　秦王政在統一中國後，做了許多政治措施。按《史記‧秦始皇本紀》曰：

> 始皇推終始五德之傳，以為周得火德、秦代周德，從所不勝。方今水德之始，改年始，朝賀皆自十月朔。衣服旄旌節旗皆上黑。數以六為紀，符、法冠皆六寸，而輿六尺，六尺為步，乘六馬。更名河曰德水，以為水德之始。

由此觀之，五德論在此首次成爲一統帝國之政治符號，而且已有相當明確之政治規範：一爲水勝火，二是水爲黑，三是水德使用六。按水勝火是自然現象觀察之經驗，不需多言；然水爲黑，需用兩個方式來理解：〈索隱〉曰：

> 〈封禪書〉曰秦文公獲黑龍，以爲水瑞，秦始皇因自謂水德也。

若此記載正確無誤，用水則其色必用黑，則無可疑義。且此一規範必不自秦皇而始。

凡五行用色之規範文獻中最爲明顯首見《呂氏春秋・有始覽》：

> 黃帝曰：「土氣勝」故其色尚黃……其事則土。……禹曰：「木氣勝」故其色尚青，其事則木。……文王曰：「火氣勝」，故其色尚赤，其事則火。

在此須附載一提的是載此篇中稍後提及：

> 代火者必將水，天且先見水氣勝，水氣勝，故其色尚黑，其事則水。

第三水德用六，在《漢書・五行志》：

> 天以一生水，地以二生火，天以三生木，地以四生金，天以五生土。
>
> 五位皆以五而合，而陰陽易位，故曰「妃以五成」。然則水之大數六，火七，木八，金九，土十。

《漢書・五行志》自是一後起的完整記錄，未可輕率視爲始皇之時已有之，然戰國之時「天一生水」之概念已存，且易傳之「天一地二，天三地四，天五地六」等觀念已有，兩者應該早已相合流，而始皇採用之，而非制定，秦始皇只有制定秦用水德，於何物上用六尺、用六寸而已。

然而秦始皇自命以水德代周之火德，則可是爲五德終始之理論正式採用。若只有秦一代採用，此亦無足再論耳。然觀乎《史記》有漢一代皆用此論，首見《史記・封禪書》中一是赤帝子斬白帝子，即高祖斬蛇之傳說。此說寓意漢高祖以火德而興，故能斬白帝之子。二是高祖爲沛公時，祀蚩尤，平咸陽，故以十月爲歲首，立爲漢王而色尚赤。

但是秦漢各應是何德，在漢初時亦未有定論。文帝之時，公孫臣上書云：「始秦得水德，今漢受之，推終始傳，則漢當土德，土德之應黃龍見。宜改正朔，易服色，色上黃。」又載：「是時丞相張蒼好律曆，以爲漢乃水德之始，故河決金隄，其符也。年始冬十月，色外黑內赤，與德相應。如公孫臣言，非也。罷之。」所以綜觀漢初，僅高祖至文帝 41 年間，漢代即有應當火德、土德、水德三說。先不論究竟漢應當何德，但可確定的是五德已成爲一個重

要的政治議題，此一議題只要未定，即連服色也未能確定。而五德之論，推根究底，其實是包含政治血緣論與五帝宗教觀。

貳、政治血統論

《史記·越王勾踐世家·集解》引《越絕書》云：

> 在越爲范蠡，在齊爲鴟夷子皮，在陶曰朱公，居楚曰范伯。謂大夫文種曰：「三王則三皇之苗裔也，五伯乃五帝之末世也。天運紀曆，千歲一至，黃帝之元，執辰破巳，霸王之氣，見於地戶」。

按春秋戰國之諸侯，皆是周代之貴族，亦有夏商之苗裔，如夏之後封杞，商之後封宋、封朝鮮，其餘皆姻親、功臣、同姓之後。如按《史記》，五帝其二顓頊爲黃帝之孫，帝嚳爲黃帝之曾孫，堯是帝嚳之子（《集解》）而舜是顓頊之六世孫，黃帝子昌意之七世孫。（以上皆見〈五帝本紀〉）而所謂夏商周三代，禹是黃帝玄孫、顓頊之孫（見〈夏本紀〉）；殷之始祖契，其母爲帝嚳之次妃，佐禹治水有功，舜封之於商，賜姓子（見〈殷本紀〉）；周之始祖后稷（名棄），其母爲帝嚳元妃，堯曾舉爲農師，舜封於于邰「號曰后稷，別姓姬氏」。姑且不論此一世系正確與否或是後世纂編之歷史傳說，其中已經表達自黃帝之後，其有天下者皆出自黃帝軒轅之血統，而代周之秦，亦是黃帝之後（〈秦本紀〉曰：「秦之先，帝顓頊之苗裔」）舜賜姓爲嬴氏。如按此世系，出自平民的劉姓比起嬴秦更要一個政治正當性，五德終始說正是可以彌縫其血緣傳承不足之工具。

參、五帝宗教觀

帝之一字，除了是政治最高統治者地位之稱呼，也用來稱呼至上具有主宰之神明，卜辭古籍凡稱「帝」或「上帝」，在《墨子·貴義》中有一則與後代五德有關之說：

> 上者曰：「帝以今日殺墨龍於北方，而先生之色黑，不可以北。」子墨子不聽，遂北……「且帝以甲乙殺青龍於東方，丙丁殺赤龍於南方，以庚辛殺白龍於西方，以壬癸殺黑龍於北方。」若用子之言，則是禁天下之行者也……子之言不可。

在此必須附帶一提的是，以甲乙配東之青色，丙丁配南之赤色，庚辛配西之白色，壬癸配北之黑色，已然成形，而四方當值日及其色皆用殺，似爲「刑」

之概念。如果「刑」、「德」並非完全對立的觀念（即「生」、「殺」皆是德，如「禮」、「樂」亦可只是禮），當然用「刑」之帝只能指神性地位的「帝」。

至於「五帝」之詞，一是指古代帝王，即黃帝、顓頊、帝嚳、堯、舜（如《始記・始皇本紀》：「古之五帝三王，知教不同。」）二是指天神，天神亦有二指：一是：也指天神所在的星宿名稱，如《史記・天官書・正義》曰：

> 黃帝坐一星，在太微宮中，含樞紐之神。四星夾黃帝坐：蒼帝東方靈威仰之神，赤帝南方赤熛怒之神，白帝西方白昭炬之神，黑帝北方黑光紀之神。

這是指五帝神所坐之星宿。二是只專指神明的五帝：在〈封禪書〉中：

> 高祖云：「吾聞天有五帝……」文帝之時，渭水之南建有五帝廟，而同宇，帝一殿，面各五門，各如其帝色。（《集解》韋昭曰：宇謂上同下異，禮所謂複廟重屋也。）

所以可知，「五帝」與「五行五德」二者概念已有部分重合，重合之處在於一，五色相同，二，五方相同。用在述說神明時，則五帝包舉而並列；用在政治，則以「相勝」之說闡明政權更迭之理。在《呂覽》一書則析之為「氣」，如「木氣」、「金氣」而有五行之德，即五德。

至於需更剖析之處，在於《墨子》一書已有天帝用「殺」，而《呂覽》或《淮南》僅論述「生」之德，如〈有始覽〉：

> 及禹之時，天見草木秋冬不殺

另外〈封禪書〉亦只云：

> 夏得木德……草木暢茂……殷得金德，銀自山溢。

至於所「刑」應來自於他種學說融合，或是分流至其他學說中。〔註9〕

肆、五德相勝衍伸的問題

而某德之「生」，僅能用在相對應的某些事物，而不對應到所屬他德的事物；如木德是草木秋冬不殺，金德是銀自山溢，並不會影響其餘四行或四氣與其所屬之事物。而政治論之五德並無相生，只有相勝；若只循此而論，就會發生為政者不及其餘四行的「生之德」的問題。而《呂覽》、《淮南》、《春秋繁露》等，有論天子當一年四季應居不同明堂、不同服色之論等禮樂方式

〔註9〕見《淮南子・天文訓》。

來調和，由於此非五德終始，故暫且留待以下章節探討，在此先不論述。

　　然有漢一代，服色始終外黑內赤或有赤紋以爲裝飾，如丞相張蒼所主水德（外黑），高祖斬白蛇的火德（內赤）。在《資治通鑑・漢紀二十三，孝成皇帝上之下》形容趙飛燕是「禍水」（此禍水也，滅火必矣〔註10〕），宋代司馬光之時去漢遠矣，此一歷史記載亦未知何出，若然眞爲漢代遺留之資料，可見漢室應當何德，在當時似無一標準答案（此文指漢當火德，水勝火，故趙飛燕之亂能覆滅漢室）。

伍、五行相生與相勝之異同

　　在《呂覽》、《淮南》、《春秋繁露》，皆論五行之相勝與相生，且其在五行本稱之下皆加一氣字，故已表明非一單純物質性意義（即非單指物質），故萬物亦可受稟其氣，歷史傳說或記錄之聖人若能順此氣而作，則能得其德。揆乎相生，相勝兩者之別有二：一、五行之生，由水而起，生木而至於生火，火而生土，土而生金，最終而水。自水而起又復歸於水，是一年自冬至（水氣）之時的五氣相生循環。五德端看五氣之起，五德不能自生或自滅。二、政權之更迭只能是後代興起而覆滅前代，如商代夏而起，周代商而興。又血緣又多可上溯黃帝，是故不可回生，只能曰勝。是故天地自然以生，政治人事以勝。

陸、相生相勝之調合

　　觀乎《史記》所述：夏四百年，商六百載，周八百春秋，若不調和相生相勝兩者概念，而只以相勝之說，則任一朝代的數百年間，就只專秉一氣一德，如此後起之聖王如何可得相勝之氣，單以相勝之論必然無法自圓其說。因此相勝之論必得採用五行相生之說；天地自然的五行之氣相生只是一年循環的小週期，是故後起之聖王可得之，而朝代更迭是受天命而秉持一氣之德，則可成歷史大週期，以圖示之：

〔註10〕上微行過陽阿主家，悅歌舞者趙飛燕，召入宮，大幸；有女弟（筆者注：即趙飛燕之妹趙合德），復召入，姿性尤醲粹，左右見之，皆嘖嘖嗟賞。有宣帝時披香博士淖方成在帝後，唾曰：「此禍水也，滅火必矣！」。

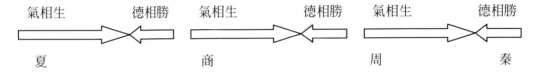

由此亦可知，前代即將覆滅之時即是不能稟受其氣，反爲後代開國君主得之，而導制政權覆滅。所以《呂覽》、《淮南》、《春秋繁露》皆主張（或後兩者受《呂覽》主張）凡一統之朝代，應在制度上做出變革，以期跳脫出政權覆滅而更迭的循環論。應該更變制度原因在於：一是開國天子雖是稟受一氣，用之而得其德，如秦文公獲黑龍，是得水德，然嬴政代周，乃在數百年後；是故得其氣者，只有一德一氣，不能有其餘四氣四德，且須待前代之氣之德自行衰敗。二是純用一氣雖能有天下，但一氣衰後反爲得氣勝者所覆滅。若欲建立長治久安之政權，則必擁有五德五氣方可。按三書所言，皆建議天子用明堂，按季節月份坐明堂、服其色、行其禮、用其樂、施其政，則能不失天地五行之氣；能奄有五德，則亦無覆滅之理（爲無能勝之者）。然《呂覽》以木氣爲首而生春氣；《淮南》以水氣爲首（陽氣初生，天一生水）；《繁露》以木氣爲首、土氣爲尊（土制四時、位居中央，歷史以黃帝爲首爲尊）乃各有主張。三書雖有不同論述，無不作如是觀。五行之氣與五德之論至此已有理論上之完整調和。雖然五德說於歷史與政治現實之判定上，雖已然產生影響，但仍難以建立有效的判斷標準（即秦漢該當何德）。但在此可論，五德、五行之說，使用天子所行之禮樂制度，來做爲調和的方法。

第五章　陰陽五行對樂的建構

第一節　陰陽五行之氣對樂的建構

本節概述

　　主要引論古人對「風」與「氣」的概念，在某些文本之中是主張由氣生風，有些更主張風中藏氣。從而由天地之氣所生的陰陽之氣，所生之風，得出音律，再得出五音。而五音則是人之所以能建構樂所掌握的最基本要素。古代在建構五音觀點的同時，也將其最初之起源——天地；與五音發生之前的日、月、五星、氣、風、律等概念，作一嚴謹的鋪排，成為一個具有系統的宇宙論式的同質觀。而風與氣則是建立此一系統的關鍵概念，氣也是天地萬物所共有與共通，或潛藏於其中，或亦可發生於其外的本質。因此於古代的觀念中，音樂不僅爲天地之所生，亦與天地陰陽五行有其本質上的通同之處。

壹、樂是重要的政治制度

　　在《論語・衛靈公》：

> 顏淵問爲邦。子曰：「行夏之時，乘殷之輅，服周之冕，樂則韶舞。
> 放鄭聲，遠佞人。鄭聲淫，佞人殆」。

由這裡可以看出，孔子主張可形於器物的禮制是遵循商周二代，但在不可形於器物的制度上，則是尊用舜、禹的制度（前者屬樂制，後者屬曆制）。而不

可形於器物的制度，是必須經由人的行為舉措才能呈現的。而此種「樂則韶舞」，尊崇古樂的觀念，當然是一種行為模式上的仿效。其心理上的效應是提倡尊重先人偉烈的創舉，並注重由外在行為的仿效而逐漸內化於心的效應。所以說《禮記・文王世子》才有此句：

> 樂，所以修內也；禮，所以修外也。

但是如果僅只把樂作為一種制度來論，則必有所不足；因為隨著時代演進，音樂必然有所發展，所以古樂就成為判斷後世音樂發展是否合理的準則。只要不合古樂，就不能為用；[註1] 而原則上可以合乎古代雍熙之美的音樂，自是能所採用的制度。因此音樂在規模上可以再行發展，且不須完全只照古樂的形式，亦可不必只用古樂，如周公制禮作樂，即是符合此理。隨著戰亂頻繁，政治動亂，即有所謂「禮崩樂壞」，既然樂的規模與形制逐漸消失亡佚，即便如孔子亦無法授樂予弟子；而且「樂」又不僅是「鐘鼓云乎哉」（《論語・陽貨》），亦有其內在的概念與原則。因此欲追究古樂，已無法由其演奏之方式與規模了解其精神與內涵；唯有先由效法先聖原初的造樂方式，才能有效的體會其原則，與探究其內在的心理狀態。雖然先秦提到音樂有三種不同的理路，一是純屬精神活動的，只以體會聖人境界（如《莊子》），二是稟持前項的體會，可以用作效法聖人治理天下萬物的原則，（如《老子》、《文子》）等，三是同時稟持前兩項主張，並且認為以用之為制度感化人心（如論、孟、禮記）；但大抵皆將「樂」置於修身或治世的極高價值。

貳、音樂的自然起源論

因此了解古樂的起源，就是一個重要的課題，然則論樂之起源眾多，其中之一即是自然起源論。至於上古所謂的樂，是指具備舞蹈和樂器演奏配合的大型樂曲，而建構大型樂曲者是樂聲，而樂聲是起於音律，所以自然發生論多秉持先由五音（或五聲）十二律來論。

而系統性論述自然發生者多在秦漢之際，由於諸家觀點略有出入，先分而論之：

> 《淮南子・天文訓》：「二陰一陽成氣二，二陽一陰成氣三，合氣而為音，合陰而為陽，合陽而為律，故曰五音六律。」

〔註 1〕 《孟子・盡心下》：「惡鄭聲，恐其亂樂也」。

《淮南子‧時則訓》：「仲冬之月……其音羽，律中黃鍾……季冬之月……其音羽，律中大呂。」

《淮南子‧主術訓》：「樂生於音，音生於律，律生於風。」

如果將之綜合而看其起源之脈絡爲：

因此在〈時則訓〉中的意思就是：在仲冬之月，風吹而起的音聲是同羽音、黃鍾之律。如果先不論其說合理之否，明顯《淮南子》是主張樂之所起是先風後氣，先律後音。然而在《春秋繁露‧五行五事》中，五音的定義相當簡略，而且過於僵化，也沒有對音律做出討論：

風者，木之氣也，其音角也……霹靂者，金氣也，其音商也……電者，火氣也，其陰微也……雨者，水氣也，其音羽也……雷者，土氣也，其音宮也。

但是也提出了音由氣來的觀點。

而《淮南子》正與《呂覽》雷同，在《呂覽》中有兩段有關音律的記述：

〈古樂〉：「昔黃帝令伶倫作爲律。伶倫自大夏之西，乃之阮隃之陰，取竹於嶰谿之谷，以生空竅厚鈞者、斷兩節間、其長三寸九分而吹之，以爲黃鍾之宮，吹曰『舍少』。次制十二筒，以之阮隃之下，聽鳳皇之鳴，以別十二律。其雄鳴爲六，雌鳴亦六，以比黃鍾之宮，適合。黃鍾之宮，皆可以生之，故曰黃鍾之宮，律呂之本。黃帝又命伶倫與榮將鑄十二鐘，以和五音，以施英韶，以仲春之月，乙卯之日，日在奎，始奏之，命之曰咸池。」

〈音律〉：「大聖至理之世，天地之氣，合而生風，日至則月鍾其風，以生十二律。仲冬日短至，則生黃鍾。季冬生大呂。孟春生太蔟。仲春生夾鍾。季春生姑洗。孟夏生仲呂。仲夏日長至，則生蕤賓。季夏生林鍾。孟秋生夷則。仲秋生南呂。季秋生無射。孟冬生應鍾。天地之風氣正，則十二律定矣。」

其餘同時談及音與律的有：

　　　《孟子・離婁上》：「師曠之聰，不以六律，不能正五音。」

　　　《春秋繁露・楚莊王》：「不吹六律，不能定五音。」

　　　《漢書・律曆志》：「五聲之本，生於黃鐘之律。」

將前後所論相比較，則有幾點值得注意的地方：

1. 皆是先有律，而後有音。

2. 音是氣在聽覺上的呈現（淮南、春秋），律是風在聽覺上的呈現（呂覽、淮南）。

3. 《呂覽》是主張先氣而生風，《淮南》是主張風中本蘊含有陰陽二氣，因多寡所佔的不同而形成五音，但是在《淮南子・原道訓》中也承認，陰陽構成宇宙的原初要素：「夫道者……橫四維而含陰陽。」

　　前章已曾討論「氣」是從春秋以來逐漸使用的概念，而氣與風的關係，於先秦典籍中有：

　　　《左傳・昭公元年》：「天有六氣，降生五味，發爲五色，徵爲五聲，淫生六疾，六氣曰陰，陽，風，雨，晦明也。」

　　　《莊子・齊物論》：「夫大塊噫氣，其名爲風。」

　　　《說苑・修文》：同《漢書・律曆志》。

　　　《春秋繁露・五行對》：「地出雲爲雨，起氣爲風。風雨者，地之所爲。地不敢有其功名，必上之於天。命若從天氣者，故曰天風天雨也，莫曰地風地雨也。」

　　　《淮南子・天文訓》：「吐氣者施，含氣者化，是故陽施陰化。天之偏氣，怒者爲風；地之含氣，和者爲露。陰陽相薄，感而爲雷，激而爲霆，亂而爲霧。陽氣勝則散而爲雨露，陰氣盛則凝而爲霜雪。」

　　　《禮記・樂記》：「地氣上齊，天氣下降，陰陽相摩，天地相蕩，鼓之以雷霆，奮之以風雨，動之以四時，暖之以日月，而百化興焉。如此則樂者天地之和也。……

> 是故清明象天，廣大象地，終始象四時，周還象
> 風雨。五色成文而不亂，八風從律而不奸。」

《漢書‧律曆志》：「天地之氣，合而生風。天地之風氣正、十二律
定。」

當然這些概念在細微之處不盡相同，有此是主張先有天地之氣，而後才有陰陽之氣，然後產生風，有的卻不言陰陽之氣，而只說明天地之氣生風。但是如不先探究其中差異爲何，可知諸家未盡相同，然則在認定氣與風有其相關，則毫無二致。

既然風與氣有其關連，有的雖主張由氣生風，有的更加主張風中藏氣，但無論是哪種主張，當因爲風的產生，而出現自然音律之時，是故有時亦用八風，便是符合了天地之氣或陰陽之氣。因爲天地季節循環之時產生了八風，所以八風也是八音，八音也就是八風。如在：

《禮記‧樂記》：「五色成文而不亂，八風從律而不奸。」

《說苑‧修文》：「五色成文而不亂，八風從律而不妄」

《韓詩外傳‧卷八》：「小音金，大音鼓；延頸奮翼，五彩備明；舉
動八風，氣應時雨；食有質，飲有儀；往即
文始，來即嘉成；惟鳳爲能通天祉，應地靈，
律五音，覽九德。」

《淮南子‧兵略訓》：「音氣不戾八風。」

《淮南子‧泰族訓》：「皆合六律而調五音，以通八風。」

而據《白虎通義‧社稷》有更明確的界定：

聲五音八何？聲爲本，出於五行；音爲末，像八風。

可以看出，「聲」、「音」在秦漢之際其實大多沒有固定指涉爲何者，大多以行文修辭來表述，但是五音就是五聲、六律的概念也已經很明確，八風偶指八音外，大多在概念上也還算清晰。

至於非指樂音的八風其名爲何，名稱各有不一：

	東北	東	東南	南	西南	西	西北	北
詩經		谷風		凱風		大風		北風
呂覽有	炎風	滔風	薰風	巨風	淒風	飂風	厲風	寒風
淮南天	條風	明庶風	清明風	景風	涼風	閶闔風	不周風	廣漠風

	東北	東	東南	南	西南	西	西北	北
淮南墜	炎風	條風	景風	巨風	涼風	飂風	麗風	寒風
爾雅釋		谷風		凱風		泰風		涼風
史記律	條風	明庶風	清明風	景風	涼風	閶闔風	不周風	廣漠風
易緯通卦驗	條風	明庶風	清明風	景風	涼風	閶闔風	不周風	廣漠風
春秋考異郵	條風	明庶風	清明風	景風	涼風	閶闔風	不周風	廣漠風
白虎通八風	條風	明庶風	清明風	景風	涼風	閶闔風	不周風	廣漠風
說文風	融風	明庶風	清明風	景風	涼風	閶闔風	不周風	廣漠風

資料來源：魏慈德，《中國古代風神崇拜》（台北：台灣古籍，2002 年）頁 85。

　　可見八風的系統是逐漸形成的，如果仔細審視《呂氏春秋‧有始覽》、《淮南子‧天文訓》，二者明顯認定「風」是為天地構造的其中一環，風隨著天地運轉，四季的不同而有其變化，而由天地陰陽所生，所以風是蘊含著天地陰陽在變化之中呈現的性質，其隨日月星辰天象的變化而產生，且來自於不同方向。因此天象的空間變化，界定了一年四季的時間變化，而時間的變化，又導致了風向在空間中的變化，所以其性質混和雜揉著天地陰陽的性質，然而其呈現的變化向度（空間性），則是與天象有著互相呼應。

　　在《淮南子‧天文訓》中即曰：

　　　　斗指子，則冬至，音比黃鍾。

　　　　「陽生於子，陰生於午」、「距日冬至四十五日，條風至；條風至四
　　　　十五日，明庶風至。」〔註2〕

也就是說，冬至前四十五日是吹東北風，冬至斗杓指北之日始生東風，斗是自北而東，而在冬至日後再四十五日轉為東南風；以古人坐北向南而論，皆是自左向右而旋轉，所以季風的運動性也與天道，及星斗的轉向一致，因此古人認為因此所起的六律之聲，自然也與天道相吻合。再者，古人認為季風

─────────────────

〔註2〕集釋云：條風是艮卦之風，即東北風，明庶風是震卦之風，即東風，卦位是
　　　　按後天八卦所云。

的吹襲之中產生的音頻、音階本就與音律相似；是故，由此找尋出來的五聲（或五音），則是人爲方式精準化的天地陰陽之氣。因此由認識發生論上雖是先風而後六律、五聲，但由天地陰陽化生萬物的觀點，八風是位於萬物之上的存在。因此，界定八風中所蘊含的五聲（或五音），反而是更爲重要的工作。因此董仲舒在〈五行五事〉中即把五行（金木水火土）配合古代之五行曆，即一年序爲五段。而尤在《淮南子・天文訓》中，所謂五帝、五星、五聲、五色、五味、十天干完全相配。〔註3〕而本來只有五材意義的五行，由論述陰陽之氣，進而發展到五行之氣，至此再到八方之風與音律，已成一個完整的結合，在此以圖示之：

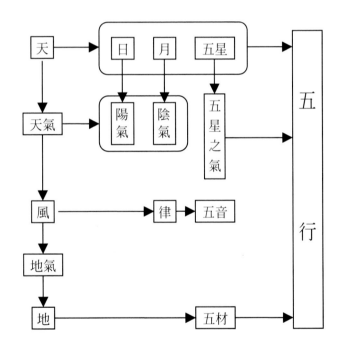

〔註 3〕《淮南子・天文訓》：「何謂五星？東方，木也，其帝太皥，其佐句芒，執規而治春；其神爲歲星，其獸蒼龍，其音角，其日甲乙。南方，火也，其帝炎帝，其佐朱明，執衡而治夏；其神爲熒惑，其獸朱鳥，其音徵，其日丙丁。中央，土也，其帝黃帝，其佐後土，執繩而制四方；其神爲鎮星，其獸黃龍，其音宮，其日戊己。西方，金也，其帝少昊，其佐蓐收，執矩而治秋；其神爲太白，其獸白虎，其音商，其日庚辛。北方，水也，其帝顓頊，其佐玄冥，執權而治冬；其神爲辰星，其獸玄武，其音羽，其日壬癸。」

第二節　陰陽五行之數對樂的建構

本節概述

　　「律」之一字，本有規範之義，而規範之義，發之爲用則是度數，即無有度數則不得規範。由於古人制定音律本是透過規範律管的長度而校定，因而古代所言及的「律」，其於概念之中本就不離度數。而古人認定度數本之於天象，也就是說度數的發生是起於古人觀測天象之所需才發展而成，是故觀天象則生曆，聽其風則生律，本節先論古人對數本源於天的概念，然後論及從度數而生，具有規範人之作爲的「律」與「曆」。而不同時制季節所起的風，與由經由度數嚴格規範的律所起出的五音，自然是在形式（數）與本質（氣）上皆與天地有著相同且共通之處。因此由音律而作的「樂」，在其內涵中有著天地陰陽之行的發生論、象徵論、與規律論，而由著規律論的概念發展，也因此具有政治規範的效應與意義了。

壹、音樂的自然規律性就是政治的行爲規範性

　　在古人的觀點中「數」本身就呈現某種自然規律性，而且這也是某種上天意志的表徵，在《國語・周語上・西周三川皆震》，其中提到：「若國亡不過十年，數之紀也。夫天之所棄，不過其紀。……十一年，幽王乃滅，周乃東遷。」若不論就其相關概念爲何，在此可以看出兩點：1、十年是數之紀（與後世所謂天干之數有十相類）2、此數之紀與上天準則相符應。

　　而同樣在《左傳・哀公七年》：

　　　　周之王也，制禮上物，不過十二，以爲天之大數也。

由此可知，古人認爲數本身經常是與天相關。〔註4〕而且在天地不失其秩序之下，則是「時無逆數」。〔註5〕因此數即具備自然規律與宗教意涵上的崇高與

〔註4〕　歲星（木星）繞行太陽一周完畢，於地表上觀察，其週期爲十二年（11.86年），十二之數或與此相關。

〔註5〕　《國語・周語下》：「昔共工棄此道也，虞于湛樂，淫失其身，欲壅防百川，墮高堙庳，以害天下。皇天弗福，庶民弗助，禍亂并興，共工用滅。其在有虞，有崇伯鯀，播其淫心，稱遂共工之過，堯用殛之于羽山。其後伯禹念前之非度，厘改制量，象物天地，比類百則，儀之于民，而度之于群生，共之從孫四岳佐之，高高下下，疏川導滯，鍾水豐物，封崇九山，決汨九川，陂鄣九澤，豐殖九藪，汨越九原，宅居九隩，合通四海。故天無伏陰，地無散陽，水無沈氣，火無災燀，神無間行，民無淫心，時無逆數，物無害生。帥

神聖性，而在《國語・周語下・王將鑄無射》有著一段將音律與天道（或天象）、神明與數相關的記載：

> 《國語・周語下》：「凡人神以數合之，以聲昭之。數合聲和，然後
> 可同也。故以七同其數，而以律和其聲，于是
> 乎有七律。〔註6〕」

象禹之功，度之于軌儀，莫非嘉績，克厭帝心。皇天嘉之，祚以天下，賜姓曰『姒』、氏曰『有夏』，謂其能以嘉祉殷富生物也。祚四岳國，命以侯伯，賜姓曰『姜』、氏曰『有呂』，謂其能爲禹股肱心膂，以養物豐民人也。」

〔註6〕全文如下：「二十三年，王將鑄無射，而爲之大林。單穆公曰：『不可。作重幣以絕民資，又鑄大鍾以鮮其繼。若積聚既喪，又鮮其繼，生何以殖？且夫鍾不過以動聲，若無射有林，耳弗及也。夫鍾聲以爲耳也，耳所不及，非鍾聲也。猶目所不見，不可以爲目也。夫目之察度也，不過步武尺寸之間；其察色也，不過墨丈尋常之間。耳之察和也，在清濁之間；其察清濁也，不過一人之所勝。是故先王之制鍾也，大不出鈞，重不過石。律度量衡于是乎生，小大器用于是乎出，故聖人慎之。今王作鍾也，聽之弗及，比之不度，鍾聲不可以知和，制度不可以出節，無益于樂，而鮮民財，將焉用之！夫樂不過以聽耳，而美不過以觀目。若聽樂而震，觀美而眩，患莫甚焉。夫耳目，心之樞機也，故必聽和而視正。聽和則聰，視正則明。聰則言聽，明則德昭，聽言昭德，則能思慮純固。以言德于民，民歆而德之，則歸心焉。上得民心，以殖義方，是以作無不濟，求無不獲，然則能樂。夫耳內和聲，而口出美言，以爲憲令，而布諸民，正之以度量，民以心力，從之不倦。成事不貳，樂之至也。口內味而耳內聲，聲味生氣。氣在口爲言，在目爲明。言以信名，明以時動。名以成政，動以殖生。政成生殖，樂之至也。若視聽不和，而有震眩，則味入不精，不精則氣佚，氣佚則不和。于是乎有狂悖之言，有眩惑之明，有轉易之名，有過慝之度。出令不信，刑政放紛，動不順時，民無據依，不知所力，各有離心。上失其民，作則不濟，求則不獲，其何以能樂，三年之中，而有離民之器二焉，國其危哉！』王弗聽，問之伶州鳩，對曰：『臣之守官弗及也。臣聞之，琴瑟尚宮，鍾尚羽，石尚角，匏竹利制，大不逾宮，細不過羽。夫宮，音之主也。第以及羽，聖人保樂而愛財，財以備器，樂以殖財。故樂器重者從細，輕者從大。是以金尚羽，石尚角，瓦絲尚宮，匏竹尚議，革木一聲。夫政象樂，樂從和，和從平。聲以和樂，律以平聲。金石以動之，絲竹以行之，詩以道之，歌以詠之，匏以宣之，瓦以贊之，革木以節之，物得其常曰樂極，極之所集曰聲，聲應相保曰和，細大不逾曰平。如是，而鑄之金，磨之石，系之絲木，越之匏竹，節之鼓而行之，以遂八風。于是乎氣無滯陰，亦無散陽，陰陽序次，風雨時至，嘉生繁祉，人民龢利，物備而樂成，上下不罷，故曰樂正。今細過其主妨于正，用物過度妨于財，正害財匱妨于樂，細抑大陵，不容于耳，非和也。聽聲越遠，非平也。妨正匱財，聲不和平，非宗官之所司也。夫有和平之聲，則有蕃殖之財。于是乎道之以中德，詠之以中音，德音不愆，以合神人，神是以寧，民是以聽。若夫匱財用，罷民力，以逞淫心，聽之不和，比之不度，無益于教，而離民怒神，非臣之所聞也。』王不聽，卒鑄大鍾。二十四年，鍾成，伶人告和。王謂伶州

此段有幾個重要觀點：

1. 人神以聲和以數合，然後可同
2. 樂以律而制，律由天而生
3. 樂（律呂）有常道之義，如無更易，則敗壞無由而生
4. 百物、神人、陰陽、庶民皆能和諧，是爲政之道，是先王所貴。

按韋昭注：

> 周有七音，王問七音之律，意味七律爲音器，用黃鐘爲宮，太簇爲
> 商，姑洗爲角，林鐘爲徵，南呂爲羽，應鐘爲變宮，蕤賓爲變徵也。

又注：

> 以聲昭之，謂用律調音也。

而其中變徵變羽是由五音（或稱五聲）衍生而出，是以制樂還是以五聲爲本。

鳩曰：『鐘果和矣。』對曰：『未可知也。』王曰：『何故？』對曰：『上作器，
民備樂之，則爲和。今財亡民罷，莫不怨恨，臣不知其和也。且民所曹好，鮮
其不濟也。其所曹惡，鮮其不廢也。故諺曰：『眾心成城，眾口鑠金。』三年
之中，而害金再興焉，懼一之廢也。』王曰：『爾老耄矣！何知？』二十五年，
王崩，鐘不和。王將鑄無射，問律于伶州鳩。對曰：『律所以立均出度也。古
之神瞽考中聲而量之以制，度律均鐘，百官軌儀，紀之以三，平之以六，成于
十二，天之道也。夫六，中之色也，故名之曰黃鐘，所以宣養六氣、九德也。
由是第之：二曰太簇，所以金奏贊陽出滯也。三曰姑洗，所以修潔百物，考神
納賓也。四曰蕤賓，所以安靖神人，獻酬交酢也。五曰夷則，所以詠歌九則，
平民無貳也。六曰無射，所以宣布哲人之令德，示民軌儀也。爲之六間，以揚
沈伏，而黜散越也。元間大呂，助宣物也。二間夾鐘，出四隙之細也。三間仲
呂，宣中氣也。四間林鐘，和展百事，俾莫不任肅純恪也。五間南呂，贊陽秀
也。六間應鐘，均利器用，俾應復也。律呂不易，無奸物也。細鈞有鐘無鎛，
昭其大也。大鈞有鎛無鐘，甚大無鎛，鳴其細也。大昭小鳴，和之道也。和平
則久，久固則純，純明則終，終復則樂，所以成政也，故先王貴之。』王曰：
『七律者何？』對曰：『昔武王伐殷，歲在鶉火，月在天駟，日在析木之津，
辰在斗柄，星在天黿。星與日辰之位，皆在北維。顓頊之所建也，帝嚳受之。
我姬氏出自天黿，及析木者，有建星及牽牛焉，則我皇妣大姜之姪伯陵之後，
逢公之所憑神也。歲之所在，則我有周之分野也，月之所在，辰馬農祥也。我
太祖后稷之所經緯也，王欲合是五位三所而用之。自鶉及駟七列也。南北之揆
七同也，凡人神以數合之，以聲昭之。數合聲和，然後可同也。故以七同其數，
而以律和其聲，于是乎有七律。王以二月癸亥夜陳，未畢而雨。以夷則之上宮
畢，當辰。辰在戌上，故長夷則之上宮，名之曰羽，所以藩屏民則也。王以黃
鐘之下宮，布戎于牧之野，故謂之屬，所以屬六師也。以太簇之下宮，布令于
商，昭顯文德，底紂之多罪，故謂之宣，所以宣三王之德也。反及嬴內，以無
射之上宮，布憲施舍于百姓，故謂之嬴亂，所以優柔容民也』。」

其所謂「用律調音」也是主張先律後聲的發展說。因此可知先秦時期早已建立一個有其秩序的系統觀之概念，以圖示之：

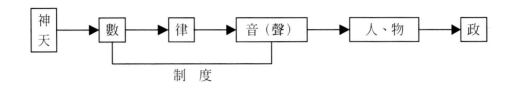

數字可作兩義解，一是動詞，即今言計算，二是名詞，即計算的方法，三仍是名詞，即經過計算而出的數量或數字，古代則通常是三義皆有。其實古人對數的概念是經常運用在許多地方，但常未曾明言。如《周易》的卦象在數學上有著及其規律的變化性，但是對於「數」在卦象上運用的概念界說，卻晚至〈易傳〉才開始明朗。如〈繫辭上〉：

> 極數之來之謂占。
>
> 天數五，地數五，五位相得而各有合。天數二十有五，地數三十，凡天地之數五十有五，此所以成變化。
>
> 參伍以變，錯綜其數，通其變，遂成天下之文，極其數，遂定天下之象。

所以在古代的觀念中，「數」不僅是其極實用的概念，亦即是位於許多事物之所以倚賴存在的高等概念。但此一概念於文明發展的早期，是蘊含在許多可以運用感官以經驗累積的方式間接的認知（如視覺、聽覺）。而「數」的直接認知概念，在戰國及至漢代初年，才有著極為劇烈的發展。

貳、數是天地律曆的連結關鍵

如在《鶡冠子》中「數」是僅次於道與創造天地宇宙的抽象原則：

> 人有分於處，處有分於地，地有分於天，天有分於時，時有分於數，數有分於度，度有分於一。

從這裡可以看出，其結構是由人對自身的認識出發而窺究最出之本源，其順序是：一（道）──度──數──時──天──地──處──人，而「數」也是作為其他範疇的律則概念。〔註7〕

〔註7〕 在《鶡冠子》的其他篇章中亦有所提及。如〈夜行〉：「天文也，地理也，月刑也，日德也，四時檢也，度數節也，陰陽氣也。五行業也，五政道也，五

　　在先秦法家中，強調數表現天象曆法的往復規律性質，如：

《管子・重令》：「天道之數，人心之變。天道之數，至則反，盛則
　　　　　　　　衰。」

人事應用上之原則規範性：

《管子・任法》：「聖君任法而不任智，任數而不任說，任公而不任
　　　　　　　　私，任大道而不任小物，然後身佚而天下治。」

《韓非子・姦劫弒臣》：「操法術之數，行重罰嚴誅，則可以致霸王
　　　　　　　　　　　之功。」

《商君書・慎法》：「夫以法相治，以數相舉。」

《慎子・君臣》：「爲人君者不多聽，據法倚數以觀得失。」〔註8〕

音調也，五聲故也，五味事也，賞罰約也。」；〈王鈇〉：「天用四時，地用五
行，天子執一以居中央，調以五音，正以六律，紀以度數，宰以刑德。……
天度數之而行，在一不少，在萬不眾，同如林木，積如倉粟，斗石以陳，升
委無失也。」；〈泰鴻〉：「吾將告汝神明之極，天地人事三者復一也，立置臣
義，所謂四則，散以八風，椷以六合，事以四時，寫以八極，照以三光，牧
以刑德，調以五音，正以六律，分以度數，表以五色，改以二氣，致以南北，
齊以晦望，受以明歷，日信出信入，南北有極，度之稽也，月信死信生，進
退有常，數之稽也，列星不亂其行，代而不干，位之稽也，天明三以定一，
則萬物莫不至矣。」；〈世兵〉：「道有度數，故神明可交也，物有相勝，故水
火可用也，東西南北，故形名可信也。……得此道者驅用市人，乘流以逝，
與道翱翔，翱翔授取，鋸據堅守，呼吸鎮移，與時更爲一先一後，音律相奏，
一右一左，道無不可，受數於天，定位於地，成名於人。彼時之至，安可復
還，安可控搏。天地不倚，錯以待能，度數相使，陰陽相攻，死生相攝，氣
咸相減，虛實相因。得失浮縣，兵以勢勝，時不常使，蚤晚絀贏，反相殖生，
變化無窮，何可勝言。」〈學問〉：「龐子曰：『願聞九道之事。』鶡冠子曰：『道
德者操行所以爲素也，陰陽者分數所以觀氣變也，法令者主道治亂國之命也，
天官者表儀祥兆下之應也，神微者風采光景所以序怪也。」

〔註 8〕《管子》：〈明法解〉：「凡所謂忠臣者，務明法術，日夜佐主，明於度數之理
　　　　　　　　以治天下者也。」、

　　　　〈幼官圖〉：「明法審數，立常備能，則治。」

　　　《韓非子》：〈飾邪〉：「臣故曰：『明於治之數，則國雖小，富。賞罰敬信，民
　　　　　　　　雖寡，強』。」、

　　　　　〈喻老〉：「故不乘天地之資，而載一人之身；不隨道理之數，而
　　　　　　　　學一人之智；此皆一葉之行也。」、

　　　　　〈姦劫弒臣〉：「夫有術者之爲人臣也，得效度數之言，上明主法，
　　　　　　　　下因姦臣，以尊主安國者也。是以度數之言得效
　　　　　　　　於前，則賞罰必用於後矣。」、

概念的演繹推論性：

> 《管子‧兵法》：「計數得，則有明也。治眾有數。勝敵有理。察數
> 而知理，審器而識勝，明理而勝敵。」

> 《管子‧制分》：「必知強之數，然後能強。」

> 《管子‧勢》：「成功之道，贏縮為寶。毋亡天極，究數而止。」

正因為「數」有著可以通貫事物原則的效用，而且在諸家理論中，其於世界之發生順序與概念的演繹順序完全相同（音與律的發生順序，是先律後音；而其概念上的演繹順序卻是先音後律）。因此，秉承著數生律且律含數與音律的自然發生觀的前提下，窮究天地與音律的數與之間的關係性，也就相對的重要。所以音律的規則性並不完全只能由感官經驗的仿效與模擬而知，也同時可經由「數」的概念，即理性推演的模式，掌握二者相通之處，而具有將音樂精確化的法則。

由於主張音樂律曆皆有數，所以基於概念的一貫性與起源性，所以天也有數：

> 《鶡冠子‧世兵》：「道有度數，故神明可交也」

> 《管子‧重令》：「天道之數，至則反，盛則衰。」

> 《春秋繁露‧五行之義》：「天之數也。土居中央，為之天潤。土者，
> 天之股肱也。其德茂美，不可名以一時
> 之事，故五行而四時者：土兼之也。金
> 木水火雖各職，不因土，方不立，若酸
> 鹹辛苦之不因甘肥不能成味也。甘者，
> 五味之本也：土者，五行之主也。五行
> 之主土氣也，猶五味之有甘肥也，不得
> 不成。是故聖人之行，莫貴於忠，土德

《商君書》：〈算地〉：「主操名利之柄，而能致功名者，數也。聖人審權以操
柄，審數以使民。數者臣主之術，而國之要也。故萬
乘失數而不危，臣主失術而不亂者，未之有也。今世
主欲辟地治民而不審數，臣欲盡其事而不立術，故國
有不服之民，主有不令之臣。」、
〈賞刑〉：「忠臣孝子有過，必以其數斷。」、
〈靳令〉：「效功而取官爵，雖有辯言，不得以相干也，此謂以數
治。」

> 之謂也。人官之大者，不名所職，相其
> 是矣。天官之大者，不名所生，土是矣。」

《春秋繁露・基義》：「天之大數必有十旬。旬，天地之數」

《春秋繁露・天地陰陽》：「天、地、陰、陽、木、火、土、金、水，
　　　　　　　　　　　九，與人而十者，天之數畢也。故數者
　　　　　　　　　　　至十而止，書者以十爲終，皆取之此。」

《禮記・郊特牲》：「祭之日，王被袞以象天，戴冕，璪十有二旒，
　　　　　　　　　則天數也。」

《說苑・辨物》：「夫占變之道，二而已矣。二者陰陽之數也。」

《管子・侈靡》：「古之祭，有時而星，有時而星熹，有時而熰，有
　　　　　　　　時而朐，鼠應廣之實，陰陽之數也。」

是以，以「數」的起源論與認識論來講，理論上必先窮究「天之數」。而能推
究天數者，即是古代所稱的律曆之法，如：

《淮南子・天文訓》：「故律曆之數，天地之道也。」

由於律曆由數而來，有時甚至直接以數代稱曆制。如：

《左傳・昭公十七年》：「於夏爲三月，於商爲四月，於周爲五月，
　　　　　　　　　　　夏數得天。」

因此得之於天的「數」也與人爲制定的曆制產生關聯性，所以曆數與天即呈現
三個連結：一是天生數，而人因觀察天象而有了數的概念。二是人爲了瞭解天
象變化，而以曆數窮究之。三是天有其道有其數，而人受規範於其中，不能踰
越其法則。如《易・繫辭上》：「天垂象，見吉凶」。如果人踰越或遵守天所規
範的法則，自然就產生了吉凶的意義。所以天有其數，象之者（卦象）亦有其
數；記之者曰曆，曆亦有其數，而隨之產生的季風（即八風），透過人所發現
的自然的數所制定之管而生之宮律，則亦有其數。既然事物可以數計之，則萬
物莫不有其數。因而透過「數」的概念。即可貫穿天地萬物而以至於人了。

參、音樂的不可取代性

雖然「數」已有極爲有效的實用性與界定概念的律則性，何以諸家仍強
調樂律的重要性，且不斷的以之爲窮究天地之媒介，而常少取「數」的概念
來說明，其原因大致有三：

一是古代帝王造樂之說。如：

《莊子・天下》：「黃帝有《咸池》，堯有《大章》，舜有《大韶》，禹
　　　　　　　　　有《大夏》，湯有《大濩》，文王有辟雍之樂，武
　　　　　　　　　王、周公作《武》。」

《荀子・樂論》：「樂者，聖王之所樂也，而可以善民心，其感人深，
　　　　　　　　　其移風易俗。」

《呂氏春秋・古樂》：「昔黃帝令伶倫作爲律。伶倫自大夏之西，乃
　　　　　　　　　　　之阮隃之陰，取竹於嶰谿之谷，以生空竅厚
　　　　　　　　　　　鈞者、斷兩節間、其長三寸九分而吹之，以
　　　　　　　　　　　爲黃鐘之宮，吹曰『舍少』。次制十二筒，以
　　　　　　　　　　　之阮隃之下，聽鳳皇之鳴，以別十二律。其
　　　　　　　　　　　雄鳴爲六，雌鳴亦六，以比黃鐘之宮，適合。
　　　　　　　　　　　黃鐘之宮，皆可以生之，故曰黃鐘之宮，律
　　　　　　　　　　　呂之本。黃帝又命伶倫與榮將鑄十二鐘，以
　　　　　　　　　　　和五音，以施英韶，以仲春之月，乙卯之日，
　　　　　　　　　　　日在奎，始奏之，命之曰咸池。」

二、數不可象：數之作爲抽象的運算法則及概念，人之行爲與活動皆無
法仿效而呈現於外在，而音律亦可如天地之象能使人了解「數」蘊於其中。

三、音律含數的理性（抽象概念），並含天地陰陽之氣（感官、知覺與美
感），欲呈現天地之美，不可舉一而廢一，是以「數」、「氣」同時並舉，方可
有效比擬，也就是可由理性與感性雙重認知。

四、音律可感人，而「數」不可感人，數只有啓人理解之能，無使人感
動而達至教化之功。如：

《禮記・樂記》：「凡音之起，由人心生也。人心之動，物使之然也。
　　　　　　　　　感於物而動，故形於聲。聲相應，故生變；變成
　　　　　　　　　方，謂之音；比音而樂之，及干戚羽旄，謂之樂。
　　　　　　　　　樂者，音之所由生也；其本在人心之感於物也。
　　　　　　　　　是故其哀心感者，其聲噍以殺。其樂心感者，其
　　　　　　　　　聲嘽以緩。其喜心感者，其聲發以散。其怒心感
　　　　　　　　　者，其聲粗以厲。其敬心感者，其聲直以廉。其
　　　　　　　　　愛心感者，其聲和以柔。六者，非性也，感於物

而後動。是故先王慎所以感之者。故禮以道其志，樂以和其聲，政以一其行，刑以防其奸。禮樂刑政，其極一也；所以同民心而出治道也。」

《說苑・脩文》：「樂者，聖人之所樂也，而可以善民心，其感人深，其移風易俗，故先王著其教焉。」

《荀子・樂論》：「夫樂者、樂也，人情之所必不免也。故人不能無樂，樂則必發於聲音，形於動靜；而人之道，聲音動靜，性術之變盡是矣。故人不能不樂，樂則不能無形，形而不爲道，則不能無亂。先王惡其亂也，故制雅頌之聲以道之，使其聲足以樂而不流，使其文足以辨而不諰，使其曲直繁省廉肉節奏，足以感動人之善心，使夫邪污之氣無由得接焉。」

《呂氏春秋・音初》：「凡音者，產乎人心者也。感於心則蕩乎音，音成於外而化乎內，是故聞其聲而知其風，察其風而知其志，觀其志而知其德。盛衰、賢不肖、君子小人皆形於樂，不可隱匿，故曰樂之爲觀也深矣。土弊則草木不長，水煩則魚鱉不大，世濁則禮煩而樂淫。鄭衛之聲，桑間之音，此亂國之所好，衰德之所說。流辟誂越慆濫之音出，則滔蕩之氣、邪慢之心感矣；感則百奸眾辟從此產矣。故君子反道以修德，正德以出樂，和樂以成順。樂和而民鄉方矣。〔註9〕」

〔註9〕 其他文獻亦有相關論述。如《禮記・樂記》：「是故先王有大事，必有禮以哀之；有大福，必有禮以樂之。哀樂之分，皆以禮終。樂也者，聖人之所樂也，而可以善民心，其感人深，其移風易俗，故先王著其教焉。」、《禮記・樂記》：「凡奸聲感人，而逆氣應之；逆氣成象，而淫樂興焉。正聲感人，而順氣應之；順氣成象，而和樂興焉。」、《說苑・脩文》：「樂之可密者，琴最宜焉，君子以其可脩德，故近之。凡音之起，由人心生也；人心之動，物使之然也；感於物而後動，故形於聲；聲相應故生變，變成方故謂之音。比音而樂之，及干戚羽旄謂之樂；樂者音之所由生也，其本在人心之感於物。是故其哀心

以上的第二項與第四項對古人而言，是相當重要的焦點。「數」只是作爲天地萬物存在的抽象形式，本身並無「質」在於其中。「質」不在其中，人而因此不能產生在第一認識上的聽覺共鳴。〔註10〕更何況以音律構成之樂，尚且有歌有舞，而舞又可分文舞、武舞；除了聽覺之外，也提供視覺上的可經驗性。〔註11〕

感者，其聲瞧以殺；其樂心感者，其聲嘽以緩；其喜心感者，其聲發以散；其怒心感者，其聲壯以屬；其敬心感者，其聲直以廉；其愛心感者，其聲和以調。人之善惡非牲也，感於物而後動，是故先王慎所以感之，故禮以定其意，樂以和其性，政以一其行，刑以防其姦；禮樂刑政，其極一也，所以同民心而立治道也。」、《韓詩外傳・卷一》：「此言音樂有和，物類相感，同聲相應之義也。詩云：『鐘鼓樂之。』此之謂也。」《史記・樂書》：「凡音之起，由人心生也。人心之動，物使之然也。感於物而動，故形於聲；聲相應，故生變；變成方，謂之音；比音而樂之，及干戚羽旄，謂之樂也。樂者，音之所由生也，其本在人心感於物也。是故其哀心感者，其聲噍以殺；其樂心感者，其聲嘽以緩；其喜心感者，其聲發以散；其怒心感者，其聲麤以屬；其敬心感者，其聲直以廉；其愛心感者，其聲和以柔。六者非性也，感於物而後動，是故先王慎所以感之。故禮以導其志，樂以和其聲，政以壹其行，刑以防其姦。禮樂刑政，其極一也，所以同民心而出治道也。」、《史記・樂書》：「樂者，聖人之所樂也，而可以善民心。其感人深，其風移俗易，故先王著其教焉。」、《淮南子・本經訓》：「凡人之性，心和欲得則樂，樂斯動，動斯蹈，蹈斯蕩，蕩斯歌，歌斯舞，歌舞節則禽獸跳矣。人之性，心有憂喪則悲，悲則哀，哀斯憤，憤斯怒，怒斯動，動則手足不靜。人之性有侵犯則怒，怒則血充，血充則氣激，氣激則發怒，發怒則有所釋憾矣。故鐘鼓管簫，幹鏚羽旄，所以飾喜也；衰絰杖，哭踴有節，所以飾哀也；兵革羽旄，金鼓斧鉞，所以飾怒也。必有其質，乃爲之文。古者聖人在上，政教平，仁愛洽，上下同心，君臣輯睦，衣食有餘，家給人足，父慈子孝，兄良弟順，生者不怨，死者不恨，天下和洽，人得其願。夫人相樂，無所發貺，故聖人爲之作樂以和節之。末世之政，田漁重稅，關市急征，澤梁畢禁，網罟無所布，耒耜無以設，民力竭於傜役，財用殫於會賦，居者無食，行者無糧，老者不養，死者不葬，贅妻鬻子，以給上求，猶弗能澹，愚夫蠢婦皆有流連之心，悽愴之志，乃使始爲之撞大鍾，擊鳴鼓，吹竽笙，彈琴瑟，失樂之本矣。」

〔註10〕如《禮記・樂記》：「樂者爲同，禮者爲異。同則相親，異則相敬，樂勝則流，禮勝則離。合情飾貌者禮樂之事也。禮義立，則貴賤等矣；樂文同，則上下和矣；好惡著，則賢不肖別矣。刑禁暴，爵舉賢，則政均矣。仁以愛之，義以正之，如此，則民治行矣。」

〔註11〕原文如下：《淮南子・本經訓》：「樂斯動，動斯蹈，蹈斯蕩，蕩斯歌，歌斯舞，歌舞節則禽獸跳矣……故鐘鼓管簫，幹鏚羽旄，所以飾喜也……兵革羽旄，金鼓斧鉞，所以飾怒也。必有其質，乃爲之文。」、《禮記・樂記》：「故鐘鼓管磬，羽籥干戚，樂之器也。屈伸俯仰，綴兆舒疾，樂之文也。簠簋俎豆，制度文章，禮之器也。升降上下，周還裼襲，禮之文也。故知禮樂之情者能作，識禮樂之文者能述。作者之謂聖，述者之謂明；明聖者，述作之謂也。」

肆、五行於樂僅能作五音與五氣

至於樂是「清明象天，廣大象地」，而音律取天地之氣而定，取天地之數而定，其取數取材於地尚有管長定律，是以木屬之竹。

如在《呂氏春秋・古樂》：

> 昔黃帝令伶倫作爲律。伶倫自大夏之西，乃之阮隃之陰，取竹於嶰谿之谷，以生空竅厚鈞者、斷兩節間、其長三寸九分而吹之，以爲黃鐘之宮，吹曰「舍少」。次制十二筒，以之阮隃之下，聽鳳皇之鳴，以別十二律。其雄鳴爲六，雌鳴亦六，以比黃鐘之宮，適合。黃鐘之宮，皆可以生之，故曰黃鐘之宮，律呂之本。黃帝又命伶倫與榮將鑄十二鐘，以和五音，以施英韶，以仲春之月，乙卯之日，日在奎，始奏之，命之曰咸池。

且在《國語・周語下・王將鑄無射》也有樂器的材質與五聲（音）的關係性，指出材質於五音在呈現上的偏向：

> 《國語・周語下》：「琴瑟尚宮，鐘尚羽，石尚角，匏竹利制，大不逾宮……是以金尚羽，石尚角，瓦絲尚宮，匏竹尚議，革木一聲。夫政象樂，樂從和，和從平。聲以和樂，律以平聲。金石以動之，絲竹以行之，詩以道之，歌以詠之，匏以宣之，瓦以贊之，革木以節之……如是，而鑄之金，磨之石，系之絲木，越之匏竹，節之鼓而行之，以遂八風。」

但是五材之中的水火是不能製作樂器的，並且在「樂由天作，禮以地制」（見《禮記・樂記》）的歸屬概念下，五音對地的關聯性仍然由「氣」來連繫，而成爲天、地、人之世界結構，至於自天而生的曆與數，也列入其中。是以本章首節之圖，於本節之中可以改製如下：

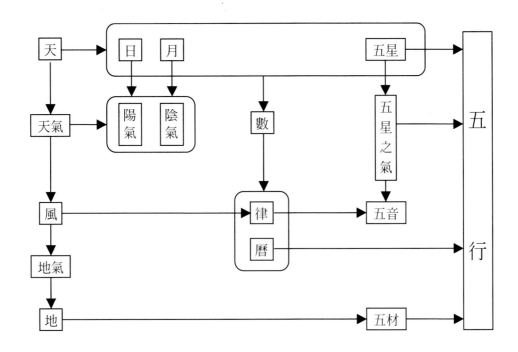

第三節　樂可調和天地人的政治觀

本節概述

　　音律稟受天地陰陽五行而來，在感知的過程中，只是單純的聽覺接受者。而人之所以能受音樂感動，則是因為人自天地而生，是故也具有與天地萬物之共同本質。既然如此，基於音樂本是乘載散發天地之氣，因此當人演奏著遵循自然之道的音樂時，即是反向的散發天地陰陽五行之氣。是故此律動之氣則必然回饋於天地萬物之間；如果善使音律，此項回饋必然能調和天地萬物，天地萬物也接受反向的回饋效應，這也就是古代所謂的「感通」。因此音聲在人為的演奏與發散其氣之時是否和諧，也就影響到自然秩序的狀態。換言之，如果演奏不能得當，其散發之氣必然不能符合時節，進而擾亂原本之秩序。而在為政者的心理上亦產生擾動不安之狀況，也就不能制定良善的法令，人民也會受到政令的干擾；由於人民難以遵循法令，反而導致政令不行。是故音樂在政治作用上的重要性更形突顯，而藉由音律，也更形突顯人在天地之間的定位。而作為其解釋工具的陰陽五行說，也更相對的得到發展與擴充。

壹、音樂感通調和論

在《左傳・昭公二十年》有載：

> 先王之濟五味，和五聲也，以平其心，成其政也，聲亦如味，一氣，
>
> 二體，三類，四物，五聲，六律，七音，八風，九歌，以相成也。

其中表示，五聲五味能「平其心」、「成其政」。而當然在原始的意涵上是指飲食音樂等口耳之養，之於為政者心理上有所影響，也意指在心理情緒如果是處於平順之下，為政能成之義。但在此處指明，音樂如要能達成其有效功能，就必須是「相合」，即指音樂是五音和諧的狀況。

同樣在《國語・周語下・王將鑄無射》中，也是先由為政者之心理狀態的平和來論為政成功之效。〔註12〕如「若視聽不和，而有震眩，則味入不精，不精則氣佚，氣佚則不和。」則會產生「國其危哉」的效應。然而在樂官伶州鳩的回答部分，反就不是由如此單純的概念出發。〔註13〕其大致重點是：

1. 政象樂 a.為政之事是效法音樂而來，音樂是人事準則發生順序的前者。
   b.為政的外在表徵即是音樂。
2. 樂是遵循「和」的標準，「和」是遵循「平」這個準則。
3. 用聲來和樂，用律來平聲。

〔註12〕《國語・周語下》：「二十三年，王將鑄無射，而為之大林。單穆公曰：『不可。作重幣以絕民資，又鑄大鍾以鮮其繼。若積聚既喪，又鮮其繼，生何以殖？且夫鍾不過以動聲，若無射有林，耳弗及也。夫鍾聲以為耳也，耳所不及，非鍾聲也。猶目所不見，不可以為目也。夫目之察度也，不過步武尺寸之間；其察色也，不過墨丈尋常之間。耳之察和也，在清濁之間；其察清濁也，不過一人之所勝。是故先王之制鍾也，大不出鈞，重不過石。律度量衡于是乎生，小大器用于是乎出，故聖人慎之。今王作鍾也，聽之弗及，比之不度，鍾聲不可以知和，制度不可以出節，無益于樂，而鮮民財，將焉用之！夫樂不過以聽耳，而美不過以觀目。若聽樂而震，觀美而眩，患莫甚焉。夫耳目，心之樞機也，故必聽和而視正。聽和則聰，視正則明。聰則言聽，明則德昭，聽言昭德，則能思慮純固。以言德于民，民歆而德之，則歸心焉。上得民心，以殖義方，是以作無不濟，求無不獲，然則能樂。夫耳內和聲，而口出美言，以為憲令，而布諸民，正之以度量，民以心力，從之不倦。成事不貳，樂之至也。口內味而耳內聲，聲味生氣。氣在口為言，在目為明。言以信名，明以時動。名以成政，動以殖生。政成生殖，樂之至也。若視聽不和，而有震眩，則味入不精，不精則氣佚，氣佚則不和。于是乎有狂悖之言，有眩惑之明，有轉易之名，有過慝之度。出令不信，刑政放紛，動不順時，民無據依，不知所力，各有離心。上失其民，作則不濟，求則不獲，其何以能樂，三年之中，而有離民之器二焉，國其危哉！』。」

〔註13〕原文請見上節之註46。

4. 「和」是指音聲相互呼應,「平」是指大小之音不相侵擾。

5. 可以順乎八風,即順乎天地,所以天地之間的陰氣不停滯,陽氣不散亂。

6. 和平之聲是道中之德,詠之中音,即是合於德與音,而德與音不過度,能合神與人,神寧且民順。

7. 黃鐘之律可以宣行六氣,即天之陰陽風雨晦冥。〔註14〕

   太簇之律可以輔佐陽氣由滯伏的狀態得以宣揚而出。

   姑洗之律可以使百物潔滌而無穢。

   蕤賓之律可以使神、人安寧。

   無射是宣布哲人令德,示民軌儀。

   六閒之律能發揚滯伏之氣,去除本來零散的不和之氣。〔註15〕

   六閒的首閒,大呂之律,助陽氣宣散於萬物。〔註16〕

   二閒的夾鐘之律,能將四季之間的細微之氣散發出來。

   三閒的仲呂之律,能宣揚中氣。〔註17〕

   四閒的林鐘之律,能調和,舒展百事。〔註18〕

   五閒的南呂之律,能助陽氣秀發。〔註19〕

   六閒的應鐘之律,能均利器用,使事物復回常道。

所以:

> 律呂不易,無奸物也。細鈞有鍾無鎛,昭其大也。大鈞有鎛無鍾,
> 甚大無鎛,鳴其細也。大昭小鳴,和之道也。和平則久,久固則純,
> 純明則終,終復則樂,所以成政也,故先王貴之。〔註20〕

就以上《國語·周語》所言而論,可歸結為三項:

〔註14〕 見韋昭註。

〔註15〕 韋昭註:「伏則不宣,散則不和。」

〔註16〕 按《攷異卷一》:「各本助下脫陽」(禮記注引有此陽字)。

〔註17〕 韋昭註:「陽氣越於中,至四月宣揚於外。」按《說文》:「越,度也;度,法制也」即是表示陽氣藏於中而不出,仲呂之律是將萬物藏於中的陽氣先行宣洩部分出來,不使物中陽氣至四月過強之時才發揚而出。

〔註18〕 韋昭註:「展,審也。」,《說文》:「審,悉也;悉,詳盡也。」

〔註19〕 韋昭註:「南,任也,呂,陰律,陰在陽事,助成萬物。」

〔註20〕 韋昭註:「大,謂宮商也。舉宮商而有鎛無鍾,謂兩大不相合,故去鍾而用鎛,以小平大也。」;「甚大,謂同尚大聲也,則又去鎛獨鳴其細。細,謂絲竹革木。」;「大聲昭,小聲鳴,和平之道也。」

1. 樂能平和爲政者之心。
2. 樂能平和庶民之心。
3. 樂能平和天地萬物之氣以成其序。

而在爲政者而言，第三項的功能尤其重要，按照古人的宇宙生成觀，本就天地在先而人物在後；樂以音律而成，是故與天地之氣有其相同之質，即爲氣。是以樂曲若能將其中的音律安排妥當而調和；其所散發之氣，即爲天地交合而有其序之氣。如以治理庶眾而言，庶眾若是處於天地災殃的狀態下，又豈能自足其所需之用度且安於爲政之制。是故在天地安靖的狀況下，樂曲又可調和庶眾之心志，使之有「欣喜歡愛」之情。〔註 21〕然後又因「樂者爲同……同則相親……樂文同，則上下和矣。〔註 22〕」因此欲平和庶民之心，在於首先是以平和之樂調和天地萬物之氣，使爲政者具平和之心，演平合之樂予庶眾；而庶眾感天地平和之氣，耳聽平和之樂，同其心，然後方能遵行爲政者所制之政。因此「樂」所蘊含的情感論，在於爲政者而言，自然的具有教化論的意涵。而音樂概念的情感和同論與天地調和論；亦有「同類相應，同氣相求」之概念。

古人認爲人生於天地之間，必是有所稟受天地而來，是以人所受之形、氣、質、體等莫不與之有關，所以聽聞天地所演生出的音聲便能有所感動，當然以觀察萬物便可得知。如：

《詩・小雅・伐木》：「嚶其鳴矣、求其友聲。」

《周易・繫辭下》：「鳴鶴在陰，其子和之。」

《春秋繁露・同類相動》：「如馬鳴則馬應之，牛鳴則牛應之。」

這是動物與動物之間的同類感應，而人與動物之間也可以透過音律而有所感應。如：

《荀子・勸學》、《韓詩外傳・卷六》、《大戴禮記・勸學》：

「昔者瓠巴鼓瑟，而流魚出聽；伯牙鼓琴，而六馬仰秣。」

《淮南子・說山訓》：「伯牙鼓琴，駟馬仰秣。」

《說文・魚部》：「鱏：魚名。从魚覃聲。傳曰：『伯牙鼓琴，鱏魚出聽。』」

〔註21〕見《禮記・樂記》。

〔註22〕同上註。

甚至連器與器之間亦存在著「同音而動」的感應：

> 《淮南子・齊俗訓》：「故叩宮而宮應，彈角而角動，此同音之相應
> 也。其於五音無所比，而二十五弦皆應，此
> 不傳之道也。」

> 《呂氏春秋・應同》：「類固相召，氣同則合，聲比則應。鼓宮而宮
> 動，鼓角而角動。」

> 《呂氏春秋・召類》：「類同相召，氣同則合，聲比則應。故鼓宮而
> 宮應，鼓角而角動。」

人與事物也有所感應，而其媒介是基人與人的感應而生：

> 《呂氏春秋・召類》：「禍福之所自來，眾人以為命，焉不知其所由。
> 故國亂非獨亂，有必召寇。獨亂未必亡也，
> 召寇則無以存矣。」

而在《易經》之中，只要是「物」，就可有所感應：

> 〈乾・文言・九五〉：「子曰：『同聲相應，同氣相求，水流濕，火就
> 燥，雲從龍，風從虎，聖人作而萬物觀，本
> 乎天者親上，本乎地者親下，則各從其類
> 也』。」

由此可知，氣、聲（音）、律、樂這一組概念於古代即存在著感通之說，至於
何以通感天地萬物，必是以「氣」的概念貫穿方可解釋，既然天地之間氣之
流行，則人因而所制之樂如何不能感動人，也如何不能感動天地萬物。

貳、人類價值藉調和天地萬物而確立並且融合

在古人的理解中，人透過音聲是遠較於人之自身容易感動天地，其主要
原因是認為，音樂是遠高於人之存在，故其中所蘊涵的能力也高於人自身的
能力。而能感通萬物的樂，則必是能感人至深之樂。人之地位之所以能高於
萬物，必是稟受遠於它物，而且其質（氣）相同且其形（數）似天地也。基
於前兩項的觀點，人自是可以制樂，演樂，進而動乎民人、神明與天地。如
果究探人之於樂的存在價值，當然必須了解人同乎天地之處。是故在秦漢之
際，對於人之所受稟者，也有討論如：

> 《呂氏春秋・情欲》：「人與天地也同，萬物之形雖異，其情一體也。」

《淮南子・天文訓》：「天有九重，人亦有九竅；天有四時以制十二月，人亦有四肢以使十二節；天有十二月以制三百六十日，人亦有十二肢以使三百六十節。故舉事而不順天者，逆其生者也。以日冬至數來歲正月朔日，五十日者，民食足；不滿五十日，日減一鬥；有餘日，日益一升。有其歲司也。」

《淮南子・精神訓》：「夫精神者，所受於天也；而形體者，所稟於地也。故曰：一生二，二生三，三生萬物。萬物背陰而抱陽，沖氣以為和。故曰：一月而膏，二月而胅，三月而胎，四月而肌，五月而筋，六月而骨，七月而成，八月而動，九月而躁，十月而生。形體以成，五臟乃形。是故肺主目，腎主鼻，膽主口，肝主耳，外為表而內為裏，開閉張歙，各有經紀。故頭之圓也象天，足之方也象地。天有四時、五行、九解、三百六十六日，人亦有四支、五藏、九竅、三百六十六節。天有風雨寒暑，人亦有取與喜怒。故膽為雲，肺為氣，肝為風，腎為雨，脾為雷，以與天地相參也，而心為之主。是故耳目者，日月也；血氣者，風雨也。」

《春秋繁露・人副天數》：「人有三百六十節，偶天之數也；形體骨肉，偶地之厚也。上有耳目聰明，日月之象也；體有空竅進脈，川谷之象也；心有哀樂喜怒，神氣之類也。觀人之禮一，何高物之甚，而類於天也。物旁折取天之陰陽以生活耳，而人乃爛然有文理。是故凡物之形，莫不伏從旁折天地而行，人獨題直立端尚，正正當之。……是故人之身，首而員，象天容也；發，

象星辰也；耳目戾戾，象日月也；鼻口呼吸，象風氣也；胸中達知，象神明也，腹胞實虛，象百物也。……天地之符，陰陽之副，常設於身，身猶天也，數與之相參，故命與之相連也。天以終歲之數，成人之身，故小節三百六十六，副日數也；大節十二分，副月數也；內有五藏，副五行數也；外有四肢，副四時數也；乍視乍瞑，副晝夜也；乍剛乍柔，副冬夏也；乍哀乍樂，副陰陽也；心有計慮，副度數也；行有倫理，副天地也。」

《春秋繁露・為人者天》：「人之形體，化天數而成；人之血氣，化天誌而仁；人之德行，化天理而義。人之好惡，化天之暖清；人之喜怒，化天之寒暑；人之受命，化天之四時。人生有喜怒哀樂之答，春秋冬夏之類也。」

《春秋繁露・同類相動》：「天有陰陽，人亦有陰陽。……天地之陰氣起，而人之陰氣應之而起，人之陰氣起，而天地之陰氣亦宜應之而起，其道一也。明於此者，欲致雨則動陰以起陰，欲止雨則動陽以起陽，故致雨非神也。」

當人之賴以存在的性質來源論建立完整，則感應說便呈現其合理性；進而人與人之間的合同，與天地萬物之間的和諧性便能真正的建立起來。是以在「樂」的整個系統觀念中，人不單是純粹的只為天地規範的稟受者而已，亦是可成為主動參與進而變化其體系者。而樂之終始法象於天，音律又稟於天地陰陽之氣；且由其所蘊之數，上可推至於天道，下能協同民人相和以致同心同德。是故其宇宙、神明、萬物、與人皆已協調。

第六章　陰陽五行對禮的建構

第一節　「五行」對「禮」的建構

本節概述

　　古代專論「禮」者，莫過於儒家所傳之三禮，即《禮記》、《周禮》、與《儀禮》，然而大多圍繞行為上的禮節而談，而鮮有論及概念者，其中大量論「禮」的概念，且又使用五行者，僅見於《禮記‧禮運》。是故本節集中於此篇章，先行討論古代對於「禮」的原始概念，繼而探討「五行」在其中建構禮的作用，而〈禮運〉在使用「五行」概念的同時，也賦予了「五行」相較於它書的不同概念。在〈禮運〉中，將古人認為曆法上的五行，與音律上的五音，以及五色、五味、五行之氣幾以渾淪而成一體。也就是說在概念上，五行（季）、五聲、五色、五味與五氣是皆可成為並列，而各有不同指涉的名詞；而在〈禮運〉基於禮制的前提與系統理論的方便與考量之下，五行又因此成為可與上列五者的共名。因此〈禮運〉不僅承襲古代本來賦予的五行概念，也局部性的重構了「五行」一詞的內涵。

壹、禮的祭祀天文意涵

　　禮之字體，小篆楷書無別，左示右豐，示表示上天垂三光，三光則指日、月、星。而豐字下豆，豆為青銅器之禮器、食器，上部之象為祭祀之物之多，〔註1〕可知禮之本字是起於祭祀日星神明。

〔註1〕　《說文‧禮》：「履也。所以事神致福也。」；「豆，古食肉器也。」

是故《禮記‧禮運》有云：

> 故聖人參於天地，并於鬼神，以治政也。處其所存，禮之序也……
> 故君者所明也，非明人者也。君者所養也，非養人者也。君者所事
> 也，非事人者也。故君明人則有過，養人則不足，事人則失位……
> 故禮達而分定。〔註2〕

如由此段文字來看可以得知以下幾點重點：

1. 天地鬼神是聖人效法學習之對象。
2. 聖人因其地位而生禮。
3. 君王行禮的對象是天地鬼神，其禮是使民人效法。

所以其表明了：

天地鬼神 ◀━━━━━━━ 君 ◀━━━━━━━ 民人
　　　　養、事、明　　　　　　養、事、明

貳、五行成爲禮的架構──循環論與本質論

因此，「禮不下庶人」雖然本來具備自君王以下的階級等差概念，而且「禮」之一字也泛指禮法之義；但綜合〈禮運〉的結構來看，強烈的表示出，施禮之對象本非庶眾的第一意涵。是以君王之所以能由認知進而造禮的對象，必然只能是位階高於其上的天地鬼神。所以才說「故聖人作則，必以天地爲本，以陰陽爲端，以四時爲柄，以日星爲紀，月以爲量，鬼神以爲徒，五行以爲質，禮義以爲器。〔註3〕」，所以庶眾只是受禮制規範的對象而已。而《禮記》是由漢代儒者集結而成，因而將自古而至漢代的三光（日、月、星）架構、陰陽架構、五行架構全數納入。

但是根據〈禮運〉中的記述：

> 是故夫禮，必本於大一，分而爲天地，轉而爲陰陽，變而爲四時，
> 列而爲鬼神。其降曰命，其官於天也。

可以發現《禮記》對於陰陽五行，由於有著不同於它書的概念，進而也就建立不同的架構。如其日：

────────────

〔註 2〕孔疏：「明，猶尊也。」
〔註 3〕見《禮記‧禮運》。

> 五行以爲質，禮義以爲器。

> 陰陽……其官於天也。

也就表明了「五行、禮義」可以不屬於天所官者，而且在其理論中，「地」也官於天；在此如果將五行禮義視爲官屬於地，則又可曰五行、禮義皆「官於天」，此理甚不相合。所以在《禮記》自行建立的架構中，五行與禮義只能視爲官於人者。但是《禮記》又將古代的五行屬於天地所發的概念保留，所以在此系統中，「五行」既是本然屬天，又是屬人。

如在《禮記・禮運》中另有一段對「五行」的敘述：

> 故人者，其天地之德，陰陽之交，鬼神之會，五行之秀氣也。故天秉陽，垂日星；地秉陰，竅於山川。播五行於四時，和而後月生也。是以三五而盈，三五而闕。五行之動，迭相竭也，五行、四時、十二月，還相爲本也；五聲、六律、十二管，還相爲宮也；五味、六和、十二食，還相爲質也；五色、六章、十二衣，還相爲質也。故人者，天地之心也，五行之端也，食味別聲被色而生者也。

就是表示五行的首要歸屬爲天，而次要歸屬爲人，而人與天的同質性也透過「五行」而建立。《禮記》中「五行」一詞的複雜意涵，也在此段文句之中隱然的表示出來。

如「五行、四時、十二月」，很明顯的是指一年之中有順序的時間分段法，「還相爲本」是指年復一年循環往復的終始概念。至於「五行以爲質，禮義以爲器」者言，最爲明確的是，對應到「五味、六和、十二食，還相爲質也，五色、六章、十二衣，還相爲質也。」。因此對照下來，「五行以爲質」很明顯的是指出「五行」即爲「五味五聲」。

而由「「五聲、六律、十二管」的概念來看，可知六和十二食之起源是以五味爲本的，而六律十二管是由五聲演化而成，六章十二衣是以五色爲本而衍生。

在此則仍存有疑義。一、五行以爲質且又五行四時還相爲本，則五行可指爲時制、五味、五色。二、在指時制時仍曰五行，在食則稱五味，在色則稱五色。而五聲是否應列於「五行」一詞的廣義界定中，按其行文方式來論，既然一、三、四句經由排比皆可呼應，則次句的「五聲……」不可能不列入五行。且其同篇亦云：「故人者，天地之心也，五行之端也，食味別聲被色而生者也。」及「五行以爲質，故事可復也。」等句，來自所

謂的「五行之動，迭相竭也。」。所以可知，「五行以爲質，故事可復也。」
是一句原則式的總論。「五行、四時、十二月，還相爲本也」排在段首，是
由其字辭原生的本義而論；而「還相爲本」及「還相爲宮」是表示循環的
觀點，而此循環觀點的依據，皆來自於年歲循環的往復觀，而「還相爲質」
是表示本質觀。所以其餘二、三、四句，是就由人之存在與其心理上分別
物類而產生出來的觀點。所以「故人者……五行之秀氣也……天地之心
也……五行之端也。」，表示了天與人的同質性，甚至是相同規律性，在此
可以下圖示之：

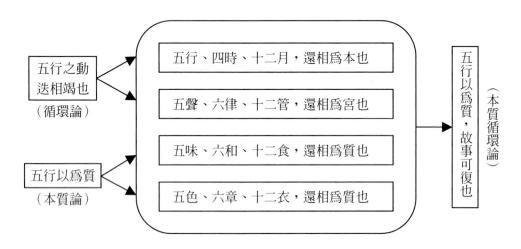

由〈禮運〉之文可知，五行原始本義指曆制，也是其最狹義之說；漢儒
仍保留本義進而推廣其義，也包含五聲、五色、五味。如果將首句與次句視
爲同一組，可知〈禮運〉的五行觀點，的確如同前章所言的律曆之說相吻合，
也很自然的存在著「法天象天」的概念；且在〈樂記〉中也有：

> 然後發以聲音，而文以琴瑟，動以干戚，飾以羽旄，從以簫管。奮
> 至德之光，動四氣之和，以著萬物之理。是故清明象天，廣大象地，
> 終始象四時，周還象風雨。五色成文而不亂，八風從律而不奸，百
> 度得數而有常。

而敘述「樂」是「清明象天，廣大象地」的概念與「五行……還相爲本也；
五聲……還相爲宮也；五色……還相爲質也。」相合，因而此段已有三組概
念已與「樂」的觀念相互重疊。而〈樂記〉所言「五色」者，雖然並不是由
音律的概念產生的，只是敘述進行樂舞之時其從容進退周旋而有符於音律之

節度，是以不亂；而五色屬於五行之規範，是由〈禮運〉而來，所以禮樂相互涵攝而關連，在此對照之下則是顯露無遺。

在〈禮運〉中值得關注的是在宇宙論與政治論結合的架構之中，「人」的地位是被放大而且突顯的。在古代凡論及曆數者，幾無提及人於其中之作用與地位，而有所論及者只有二者，一是：

> 黃帝考定星曆，建立五行。〔註4〕

二是：

> 堯曰：「咨爾舜！天之曆數在爾躬」。〔註5〕

而論陰陽五行以至於音律者，僅有古代少數哲王作為人之代表（見第四章第三節）。凡後世論及曆律音律者，自是知曉其中存在著創造者之理智思考，否則「法天象地」其誰為之。而且比較特別的是，其藉由「人」概念之底定，從而論及「五行」是屬於「人」的範疇。而此點亦是有異於傳統論點。〈禮運〉之中雖然保有「五行」為曆制的傳統本義，但在「五行以為質，故事可復也」的概念下，界定五行所含四義：「五行」、「五聲」、「五色」、「五味」就成為混論的一體，而由「故人者，天地之心也，五行之端也，食味別聲被色而生者也。〔註6〕」，是以人與五行具有共同之質。而且特別強調，人是「其天地之德，陰陽之交，鬼神之會，五行之秀氣也。」，幾乎可說是集合了所有最精粹者於一身了。

如在此先不論「五行」有秀氣，是否還另有不秀之氣，基本上可以知道其於界定「五行」之時，也將氣之概念引進。至於天地之間的五行之氣，只能別為五氣，或是本有一個具有五行之一氣，此處尚且無法直接論斷。但依味、色、聲皆有五的狀況下，〈禮運〉應是傾向五行各自有氣而成五氣，否則在概念上有其不能通貫與平衡。

參、《禮記》確立了五行概念的繁化

然而在此需要注意的是，五行縱有「五氣」之義，仍不能據以認為「五行」就只具為「五氣」；其原因在於「五行、四時、十二月，還相為本也」與

〔註4〕 見《史記・歷書》、《管子・五行》。
〔註5〕 見《論語・堯曰》、《史記・歷書》。
〔註6〕 此據孔疏：「端，首也」，再據《爾雅釋詁》：「初，哉，首，肇基……始也。」，可知端之義為始。

「五聲、六律、十二管，還相爲宮也」等二句相對，故以必須以「曆制」或「時節」的概念放入其中解讀，其文意方可通貫。

如果將《左傳・昭公元年》與《左傳・昭公二十五年》兩文與〈禮運〉相對，則不難看出有相似之處。

如《左傳・昭公元年》表明是「氣」：

> 天有六氣，降生五味，發爲五色，徵爲五聲……序爲五節。

《左傳・昭公二十五年》表明是用其五行：

> 則天之明，因地之性，生其六氣，用其五行，氣爲五味，發爲五色，
> 章爲五聲。

因此「氣」與五行、五味、五聲、五色皆有關聯，因此在〈禮運〉中，由於人有五行之秀氣，而且自五行下至五味、五聲、五色皆可統稱「五行」；是以可知，所謂五行之氣，是於概念上通貫狹義之五行與「五味、五聲、五色」等四組詞意的字辭。也就是說，四組名詞於概念上皆有五行之氣，所以才能使時節、色、聲、味皆能合於「五」，所以四組字詞可統稱爲「五行」，所以〈禮運〉只是強烈表示了「五行」有氣的概念，並藉由氣的概念，成功的將五行一詞包容了自古而來的所有字詞意義。

雖然在〈禮運〉中，的確重視與運用「五行」來建構「禮」的概念。但在說明「氣」與「五行」的關係也僅限於此處，且其並無在「禮」之架構中，將「氣」之概念明確的定位。而「五行」概念的運用，於此已將禮和樂（五聲）聯繫起來，使二者相互涵攝，並且由於「五行」概念的擴充，將禮制中所需要的祭祀之物（五味）與行禮之時所穿著的服色（五色），於其理論架構中成功地有效的統合與建立。

第二節　陰陽刑德對於禮的建構

本節概述

〈禮運〉一面承襲，一面重構了「五行」之說，而陰陽之說也藉著相同的模式進行發展，而其最主要的是引入了刑德之說。刑德之說有二，一是指政治的態度作爲，二是天地自然的生死規律。〈禮運〉基於春秋子產之論，將刑德置於禮制之中，使本來並列的刑、禮、德的觀念，演化成爲「禮」是最高統籌諸多政治觀念的理論。二者則是基於春秋戰國而至〈淮南子〉

所集成的日德月刑之說，架構陽生陰死的觀念，因此在〈祭義〉中有「祭日於壇，祭月於坎，以別幽明，以制上下」之語，所以以月爲刑，代表著死亡的意義，人死爲鬼而歸於地，所以祭月於坎（下陷之地）中。特別的是在《禮記》中已把本來同屬天的陰陽之氣，稍稍轉化爲地也有陰氣了，而在此變動之下，其陰陽之氣的歸屬呈現出分類認知上的曖昧不清。然而重構之下，卻又突顯出以人作爲衡量天地空間的主體性，以人之生死作爲衡量時間流變的維度。

壹、禮的陰陽宇宙論——大一、氣、與鬼神

〈禮運〉對於陰陽的認知，由以下數段並而觀之：

> 是故夫禮必本於天，殽於地，列於鬼神。

> 故人者，其天地之德，陰陽之交，鬼神之會，五行之秀氣也。

> 故天秉陽，垂日星；地秉陰，竅於山川。播五行於四時，和而後月生也。

> 故聖人作則，必以天地爲本，以陰陽爲端，以四時爲柄，以日星爲紀，月以爲量，鬼神以爲徒，五行以爲質，禮義以爲器，人情以爲田，四靈以爲畜。

> 是故夫禮，必本於大一，分而爲天地，轉而爲陰陽，變而爲四時，列而爲鬼神。其降曰命，其官於天也。

這裡的大一，由於本文中並沒有其餘之段落說明，孔穎達疏的說明是：「天地未分混沌之元氣，極大曰天，未分曰一。」孔穎達的論述的確可以符合在本文的脈絡，但是孔穎達的「元氣」說，則文本中尚未提及，但如以五行有秀氣的觀點來看，自大一及以下皆有氣而已至於五行有秀氣，這個推論的可能性完全存在。然而亦存在著其餘可能，即是此序列於五行前後的任何範疇，也可以並不存在著「氣」，此「氣」自何而始，自何而終，皆不明確，如窮究其於篇章，則：

> 〈檀弓下〉：「骨肉歸復于土，命也。若魂氣則無不之也，無不之也。」

> 〈月令〉：「是月也，天氣下降，地氣上騰。」

> 　　　　：「行冬令，則陽氣不勝，麥乃不熟，民多相掠。行夏令，則國乃大旱，暖氣早來，蟲蝗爲害。」

　　　　　：「是月也，生氣方盛，陽氣發泄，句者畢出，萌者盡達。不可以內。」

　　　　　：「命國難，九門磔攘，以畢春氣。」

〈郊特牲〉：「饗禘有樂，而食嘗無樂，陰陽之義也。凡飲，養陽氣也；凡食，養陰氣也。故春禘而秋嘗；春饗孤子，秋食耆老，其義一也。而食嘗無樂。飲，養陽氣也，故有樂；食，養陰氣也，故無聲。凡聲，陽也。」

　　　　　：「社祭土而主陰氣也。君南鄉於北墉下，答陰之義也。日用甲，用日之始也。天子大社必受霜露風雨，以達天地之氣也。是故喪國之社屋之，不受天陽也。」

　　　　　：「恒豆之菹，水草之和氣也。」

　　　　　：「樂，陽氣也。」

　　　　　：「有虞氏之祭也，尚用氣；血腥燗祭，用氣也。殷人尚聲，臭味未成，滌蕩其聲；樂三闋，然後出迎牲。聲音之號，所以詔告於天地之間也。周人尚臭，灌用鬯臭，郁合鬯；臭，陰達於淵泉。灌以圭璋，用玉氣也。既灌，然後迎牲，致陰氣也。蕭合黍稷；臭，陽達於墻屋。故既奠，然後焫蕭合羶薌。凡祭，慎諸此。魂氣歸于天，形魄歸于地。故祭，求諸陰陽之義也。殷人先求諸陽，周人先求諸陰。〔註7〕」

〔註7〕　在《禮記》的其餘篇章亦有提及。如〈月令〉：「季春行冬令，則寒氣時發，草木皆肅，國有大恐。」；〈月令〉：「是月也，日長至，陰陽爭，死生分。君子齊戒，處必掩身，毋躁。止聲色，毋或進。薄滋味，毋致和。節嗜欲，定心氣，百官靜事毋刑。」；〈月令〉：「是月也，樹木方盛，乃命虞人入山行木，毋有斬伐。不可以興土功，不可以合諸侯，不可以起兵動眾，毋舉大事，以搖養氣。」；〈月令〉：「孟秋行冬令，則陰氣大勝，介蟲敗穀，戎兵乃來。行春令，則其國乃旱，陽氣復還，五穀無實。」；〈月令〉：「是月也……五者備當，上帝其饗。天子乃難，以達秋氣。」；〈月令〉：「是月也，日夜分，雷始收聲。蟄蟲壞戶，殺氣浸盛，陽氣日衰，水始涸。」；〈月令〉：「是月也，霜始降，則百工休。乃命有司曰寒氣總至，民力不堪。」；〈月令〉：「季秋行夏令……行春令，則暖風來至，民氣解惰，師興不居。」；〈月令〉：「是月也，天子始裘。命有司曰：天氣上騰，地氣下降，天地不通，閉塞而成冬。」；〈月令〉：「孟冬行春令，則凍閉不密，地氣上泄，民多流亡。」；〈月令〉：「天子居玄堂大廟……地氣且泄，是謂發天地之房，諸蟄則死，民必疾疫，又隨以喪。命之曰暢月。」；〈月令〉：

　　如此天地萬物以至於人皆有其氣，則顯然〈禮運〉是應主張有氣流行於天地與其間了。然而大一與月可否論為其有氣呢？基於《禮記》之中並無有相關敘述，在此不能遽為判定。

　　在此一序列之中，仍存在著比較特殊的序列，在天地之前有大一，是個合理的宇宙起源觀，可是將「月」置於序列的最終位置，則甚是奇特，也與傳統三光三辰之觀大相逕庭，於《禮記》全文則僅有《禮記・祭義》載：

　　　　祭日於壇，祭月於坎，以別幽明，以制上下。

月因此與幽、坎二者相關，而象徵著死亡之意。

參、禮制中的生死觀與陰陽的相結合──生德與刑殺

　　如將相近時期的著述與之相較，論及「月」而可以解釋「死」者之說明有四：

> 「命有司大難，旁磔，出土牛，以送寒氣。」；〈禮器〉：「大饗其王事與！三牲魚臘，四海九州之美味也；籩豆之薦，四時之和氣也。」；〈郊特牲〉：「鼎俎奇而籩豆偶，陰陽之義也。黃目，鬱氣之上尊也。」；〈樂記〉：「地氣上齊，天氣下降，陰陽相摩，天地相蕩，鼓之以雷霆，奮之以風雨，動之以四時，暖之以日月，而百化興焉。如此則樂者天地之和也。」；〈樂記〉：「是故先王本之情性，稽之度數，制之禮義。合生氣之和，道五常之行，使之陽而不散，陰而不密，剛氣不怒，柔氣不懾，四暢交於中而發作於外。」〈樂記〉「感條暢之氣而滅平和之德。是以君子賤之也。」；〈樂記〉「凡奸聲感人，而逆氣應之；逆氣成象，而淫樂興焉。正聲感人，而順氣應之；順氣成象，而和樂興焉。……淫樂慝禮，不接心術。惰慢邪辟之氣不設於身體，使耳目鼻口、心知百體皆由順正以行其義。」；〈樂記〉：「奮至德之光，動四氣之和，以著萬物之理。」；〈樂記〉：「是故君子反情以和其志……三者本於心，然後樂氣從之。」；〈樂記〉：「孝子之有深愛者，必有和氣；有和氣者，必有愉色。」；〈樂記〉：「子曰：『氣也者，神之盛也。』」；〈孔子閒居〉：「子曰：『無聲之樂，氣志不違；無體之禮，威儀遲遲；無服之喪，內恕孔悲。無聲之樂，氣志既得；無體之禮，威儀翼翼；無服之喪，施及四國。無聲之樂，氣志既從……無聲之樂，氣志既起』。」；〈孔子閒居〉：「孔子曰：天有四時……地載神氣，神氣風霆，……清明在躬，氣志如神，嗜欲將至，有開必先。」；〈三年問〉：「凡生天地之間者，有血氣之屬必有知。」；〈鄉飲酒義〉：「天地嚴凝之氣，始於西南，而盛於西北，此天地之尊嚴氣也，此天地之義氣也。天地溫厚之氣，始於東北，而盛於東南，此天地之盛德氣也，此天地之仁氣也。主人者尊賓，故坐賓於西北，而坐介於西南以輔賓。」；〈鄉飲酒義〉：「亨狗於東方，祖陽氣之發於東方也。」；〈聘義〉：「孔子曰：『夫昔者君子比德於玉焉：溫潤而澤，仁也；縝密以栗，知也；廉而不劌，義也；垂之如隊，禮也；叩之其聲清越以長，其終詘然，樂也；瑕不掩瑜、瑜不掩瑕，忠也；孚尹旁達，信也；氣如白虹，天也；精神見於山川，地也；圭璋特達，德也。天下莫不貴者，道也』」共二十八條。

《蓋廬》：「天地爲方圓（圓），水火爲陰陽，日月爲刑德，立爲四時，
　　　　　分爲五行，順者王，逆者亡，此天之時也。」（第二章）
　　　　　〔註8〕

《淮南子·天文訓》：「日爲德，月爲刑，月歸而萬物死，日至而萬
　　　　　物生。〔註9〕」

《史記·天官書》：「日變修德，月變省刑，星變結和。凡天變，過
　　　　　度乃占。」

《管子·四時》：「日掌陽，月掌陰，星掌和，陽爲德，陰爲刑，和
　　　　　爲事，是故日食，則失德之國惡之。月食，則失
　　　　　刑之國惡之。彗星見，則失和之國惡之。風與日
　　　　　爭明，則失生之國惡之。是故聖王日食則修德，
　　　　　月食則修刑，彗星見則修和，風與日爭明則修生，
　　　　　此四者聖王所以免於天地之誅也。〔註10〕」

〔註8〕目前推斷《蓋廬》最晚成書時間當於楚漢之際，已先於《淮南子》與《史記》，
　　　　是故在此並列討論。

〔註9〕在《淮南子》之中，除日月刑德之外，另有陰氣陽氣之刑德與太陰所處之刑
　　　　德。如〈天文訓〉：「陰陽刑德有七舍。何謂七舍？室、堂、庭、門、巷、術、
　　　　野。十二月德居室三十日，先日至十五日，後日至十五日，而徙所居各三十
　　　　日。德在室則刑在野，德在堂則刑在術，德在庭則刑在巷，陰陽相德，則刑
　　　　德合門。八月、二月，陰陽氣均，日夜分平，故曰刑德合門。德南則生，刑
　　　　南則殺，故曰二月會而萬物生，八月會而草木死。」；〈天文訓〉：「太陰所居，
　　　　日爲德，辰爲刑。德，綱日自倍因，柔日徙所不勝。刑，水辰之木，木辰之
　　　　水，金、火立其處。凡徙諸神，朱鳥在太陰前一，鉤陳在後三，玄武在前五，
　　　　白虎在後六，虛星乘鉤陳而天地襲矣。凡日，甲剛乙柔，丙剛丁柔，以至於
　　　　癸。木生於亥，壯於卯，死於未，三辰皆木也。火生於寅，壯於午，死於戌，
　　　　三辰皆火也。土生於午，壯於戌，死於寅，三辰皆土也。金生於巳，壯於酉，
　　　　死於丑，三辰皆金也。水生於申，壯於子，死於辰，三辰皆水也。故五勝生
　　　　一，壯五，終九。五九四十五，故神四十五日而一徙，以三應五，故八徙而
　　　　歲終。凡用太陰，左前刑，右背德，擊鉤陳之沖辰，以戰必勝，以攻必克。
　　　　欲知天道，以日爲主，六月當心，左周而行，分而爲十二月，與日相當，天
　　　　地重襲，後必無殃。」這裡的太陰並非指月亮；〈天文訓〉：「太陰在甲子，刑
　　　　德合東宮，常徙所不勝，合四歲而離，離十六歲而複合。所以離者，刑不得
　　　　入中宮，而徙於木。」

〔註10〕在《管子》中另有四時與天地之刑德：〈幼官〉：「冬行秋政，霧。行夏政，雷。
　　　　行春政，烝泄。十二，始寒，盡刑。十二，小榆，賜予。十二，中寒，收聚。
　　　　十二，中榆，大收。十二，寒至，靜。十二，大寒，之陰。十二，大寒終三寒

此三者皆有以日德月刑之說，而刑即是主殺者也。然《史記》並未言明其理
為何，而《淮南子》則有言「月歸而萬物死，日至而萬物生」，如再回溯先秦
典籍，則與「月」主萬物死的觀念有：

> 《孫子兵法‧虛實》：「故五行無常勝，四時無常位，日有短長，月
> 　　　　　　　　　有死生。」

> 《鶡冠子‧泰鴻》：「月信死信生，進退有常，數之稽也，列星不亂
> 　　　　　　　　　其行，代而不干，位之稽也，天明三以定一，
> 　　　　　　　　　則萬物莫不至矣。三時生長，一時煞刑，四時
> 　　　　　　　　　而定天地盡矣。」

> 《鶡冠子‧王鈇》：「鶡冠子曰：『天者誠其日德也，日誠出誠入，南
> 　　　　　　　　　北有極，故莫弗以為法則。天者信其月刑也，
> 　　　　　　　　　月信死信生，終則有始，故莫弗以為政。天者
> 　　　　　　　　　明星其稽也，列星不亂，各以序行，故小大莫
> 　　　　　　　　　弗以章。天者因時其則也，四時當名代而不干，
> 　　　　　　　　　故莫弗以為必然』。〔註11〕」

本來的「月有死生」或者「信死信生」是甲骨文中的「生霸死霸」或稱「生
魄死魄」，單純是指月相盈虧。〔註12〕但基於在古人「萬物有靈」的概念，月
相之盈虧或許如同神靈死而復甦的想法有關，而不是指其能死生天地萬物。
然在《鶡冠子‧泰鴻》篇卻主張「一時煞刑」其觀念之衍伸應是來自於春秋
末期所著《孫子兵法》中的「月有死生」。本來在〈虛實〉篇中，「五行」、「四
時」、「日」、「月」皆是指一年之中各種長短不同的時間週期之演變，因此「月」
之本義毫無刑煞萬物之概念。

同事。六行時節，君服黑色，味鹹味，聽徵聲，治陰氣，用六數，飲於黑后之
井。以鱗獸之火爨。藏慈厚，行薄純。坦氣修通，凡物開靜，形主理。器成於
儉，教行於鈔。動靜不記，行止無量。戒齊四時以別息，異出入以兩易，明養
生以解固，審取予以總之。」；〈四時〉：「是故陰陽者，天地之大理也，四時者，
陰陽之大經也。刑德者，四時之合也。刑德合於時，則生福；詭則生禍。」；〈勢〉：
「逆節萌生，天地未形。先為之政，其事乃不成，繆受其刑。天因人，聖人因
天天時不作，勿為客，人事不起，勿為始。慕和其眾，以修天地之從。人先生
之，天地刑之。」；〈勢〉：「先德後刑。順於天，微度人。」

〔註11〕其文後曰：「天者一法其同也，前後左右，古今自如，故莫弗以為常。天誠信
　　　　明因一，不為眾父。易一故莫能與爭先，易一非一故不可尊增，成鳩得一，
　　　　故莫不仰制焉。」

〔註12〕請見本文第三章第一節。

至於在《孫子兵法・始計》中有云：

> 兵者，國之大事，死生之地，存亡之道，不可不察也。故經之以五
> 事，校之以計，而索其情，一曰道，二曰天，三曰地，四曰將，五
> 曰法。道者，令民與上同意，可與之死，可與之生，而不畏危也。
> 天者，陰陽，寒暑，時制也。地者，遠近，險易，廣狹，死生也。
> 將者，智，信，仁，勇，嚴也。法者，曲制，官道，主用也。凡此
> 五者，將莫不聞，知之者勝，不知者不勝。〔註13〕

這裡指出戰爭與國家的興亡有關，而用兵之法又與時制有關。由於古代的自
然環境險峻嚴苛，所以用兵行師必然需要重視所謂的寒暑時制，亦即用兵之
時機。〔註14〕在其文之中，其不過以自然季節之變化說明用兵之時機，進而
以自然規律中的盛衰更迭比喻好戰必亡的道理。然而戰爭必有殺戮，因此「月
有死生」在後代演化成「刑煞」之說。

「德」與「禮」的關係向來非常明確，如《禮記》：

> 〈曲禮上〉：「道德仁義，非禮不成。」

> 〈樂記〉：「禮樂偵天地之情，達神明之德。」

「德」與「禮」是相容的概念，但是「德」與「刑」是相對的概念，如《左
傳・成公十七年》：

> 臣聞亂在外爲姦，在內爲軌，御姦以德，御軌以刑，不施而殺，不
> 可謂德，臣偪而不討，不可謂刑，德刑不立，姦軌並至。

而「刑」與「禮」本身是相對而不是相融的概念，如「禮不下庶人，刑不上
大夫」（《禮記・曲禮上》）但在古代論及戰爭之時，「德」、「刑」、「禮」其實
具有相當之關聯性。

如在《左傳・宣公十二年》中曾提及：

> 德，刑，政，事，典禮，不易，不可敵也，不爲是征，楚軍討鄭，
> 怒其貳而哀其卑，叛而伐之，服而舍之，德刑成矣，伐叛，刑也，
> 柔服，德也，二者立矣，昔歲入陳，今茲入鄭，民不罷勞，君無怨
> 讟，政有經矣，荊尸而舉，商農工賈，不敗其業。而卒乘輯睦，事
> 不奸矣。蔿敖爲宰，擇楚國之令典，軍行，右轅，左追蓐，前茅慮
> 無，中權，後勁，百官象物而動，軍政不戒而備，能用典矣，其君

〔註13〕《左傳・成公十三年》中亦有「國之大事，在祀與戎。」之敘述。
〔註14〕《蓋廬》第四章與第五章亦提出與此相近之觀點。

之舉也，內姓選於親，外姓選於舊，舉不失德，賞不失勞，老有加
惠，旅有施舍，君子小人，物有服章，貴有常尊，賤有等威，禮不
逆矣，德立刑行，政成事時，典從禮順，若之何敵之，見可而進，
知難而退，軍之善政也。

《左傳‧成公十六年》：

對曰，德，刑，詳，義，禮，信，戰之器也，德以施惠，刑以正邪，
詳以事神，義以建利，禮以順時，信以守物，民生厚而德正，用利
而事節，時順而物成，上下和睦，周旋不逆，求無不具，各知其極，
故詩曰，立我烝民，莫匪爾極，是以神降之福，時無災害，民生敦
厖，和同以聽。莫不盡力以從上命，致死以補其闕，此戰之所由克
也。

在這兩段例子之中，「德」、「刑」、「禮」是並列而不是相對的概念，甚至還可
以相輔相成。

而在《左傳‧昭公二十五年》轉引子產之語：

夫禮，天之經也，地之義也，民之行也，天地之經，而民實則之，
則天之明，因地之性，生其六氣，用其五行，氣為五味，發為五色，
章為五聲，淫則昏亂，民失其性，是故為禮以奉之，為六畜，五牲，
三犧，以奉五味，為九文，六采，五章，以奉五色，為九歌，八風，
七音，六律，以奉五聲，為君臣上下，以則地義，為夫婦外內，以
經二物，為父子，兄弟，姑姊，甥舅，昏媾，姻亞，以象天明，為
政事，庸力行務，以從四時，為刑罰威獄，使民畏忌，以類其震曜
殺戮，為溫慈惠和，以效天之生殖長育，民有好惡喜怒哀樂，生于
六氣，是故審則宜類，以制六志，哀有哭泣，樂有歌舞，喜有施舍，
怒有戰鬥，喜生於好，怒生於惡，是故審行信令，禍福賞罰，以制
死生，生，好物也，死，惡物也，好物樂也，惡物哀也，哀樂不失，
乃能協于天地之性，是以長久，簡子曰，甚哉禮之大也，對曰，禮
上下之紀，天地之經緯也，民之所以生也，是以先王尚之。

此段之言是將「刑」的概念置入於「禮」的內涵之中。因此可以得知，古人
論禮如同論「月」及「五行」，各有其廣狹之義。狹義者即單指本義，廣義者
即是與其相關者盡皆包乎於其中。

職此之故，論「禮」不能純「德」而無「刑」，論生命不可只有生而無死，

論及三光不可有日星而無月。是故以日爲生之德，以月爲死之刑，以大一爲生之始，以月爲生之終。因此在《禮記・禮運》的結構中，陰陽之氣是由天地轉化而成，而天地有生生之德，不可遽論刑出自於天地，然此理論架構反不如《淮南子》與其《春秋繁露》陰陽之氣即發乎天地，而生殺皆歸於天，生死皆屬天命。〔註15〕但是其以「大一爲始，以月爲終」的架構，則是表明了人處於天地之間「以生爲始，以死爲終」的時間概念，也表示出時間的概念是出自人處於空間中自身狀態的變化，也與前節所言以人爲主體，而呈現出以人的生命長短作爲衡量天地的維度相一致。

第三節　禮以節而順至於和諧之陰陽五行論

本節概述

　　本節主要由「禮」所蘊涵的「順」與「節」兩個主要精神出發，探討並說明禮之所以必需遵循天地法則的意涵，是故禮制於此作爲時令、服色的依據。而基於「無禮不樂」的原則，遂將兩個本來在概念上對等並存的觀念，於施行之中相互揉合，因而「禮」雖然以順節爲主要和諧天地的方式，但是也具備了意義上可主動調和天地以致和諧的功效。禮之相對於樂在「法天象地」上的舉措也更加的強烈。樂是演奏變化呈現時間的流逝性，進而象徵天地循環的往復性。而禮之呈現天地之象徵則是直接由空間的流動性，服色之變化性來表示時序之變化性。而在〈郊特牲〉中「樂由陽來者也，禮由陰作者也」亦秉持上節所論的天陽地陰的屬性。然其強調天地、陰陽、禮樂之和

〔註15〕見《淮南子・俶眞訓》：天氣始下，地氣始上，陰陽錯合；《春秋繁露・陽尊陰卑》：「陽爲德，陰爲刑。刑反德而順於德，亦權之類也。雖曰權，皆在權成。是故陽行於順，陰行於逆。順行而逆者，陰也。是故天以陰爲權，以陽爲經。陽出而南，陰出而北。經用於盛，權用於末。以此見天之顯經隱權，前德而後刑也。故曰：陽天之德，陰天之刑也。陽氣暖而陰氣寒，陽氣予而陰氣奪，陽氣仁而陰氣戾，陽氣寬而陰氣急，陽氣愛而陰氣惡，陽氣生而陰氣殺。是故陽常居實位而行於盛，陰常居空位而行於末。天之好仁而近，惡戾之變而遠，大德而小刑之意也。先經而後權，貴陽而賤陰也。故陰，夏入居下，不得任歲事，冬出居上，置之空處也。養長之時伏於下，遠去之，弗使得爲陽也。無事之時起之空處，使之備次陳，守閉塞也。此皆天之近陽而遠陰，大德而小刑也。是故人主近天之所近，遠天之所遠；大天之所大，小天之所小。是故天數右陽而不右陰，務德而不務刑。刑之不可任以成世也，猶陰之不可任以成歲也。爲政而任刑，謂之逆天，非王道也。」

的脈絡則是更爲明顯，也指出基於制度的完備，要效法古代聖王事功，而又能避免引發天地災異的可能性了。

壹、陰陽五行是調和與節制的重要關鍵

《禮記·樂記》曰：

> 樂極和，禮極順。

即指禮以順爲主，而其所順者爲天地鬼神，而「禮也者，動於外者也」既需形動於外，則其所用服色必得有一規範：此規範不僅尊崇天地鬼神而用，其意亦是表明順以天地之道。當然除了人君於動機心態上的自我謙抑之外，也是呈現了對天地自然規律的認知的意義，與客觀規律的不可抗性。是人以如果在擾動其運行法則，必然破壞其本然狀態而導致變異出現。而所謂的擾動是指不能遵循自然法則於本來之時序中，如冬不行冬令，夏不行夏令等。〔註16〕

而所謂的擾動與調和，是禮樂制度的一體兩面。因爲天地之運行固然有其本然之規律法則，然天地陰陽寒暑之氣，總非完全精確的流行均布於萬物之中。在古人之認知裡，萬物本來有其稟賦不均，天道陰陽變化尚有長短不一；是以其運作規律中，於細微之處呈現不完全均衡的動態變化，因此天地之間的和諧狀態於其措施如稍有不愼，則必引災殃。

如《左傳·昭公十七年》：

> 冬，有星孛于大辰，西及漢，申須曰：彗所以除舊布新也，天事恆象，今除於火，火出必布焉，諸侯其有火災乎，梓愼曰：「往年吾見之，是其微也，火出而見，今茲火出而章，必火入而伏，其居火也久矣，其與不然乎，火出，於夏爲三月於商爲四月，於周爲五月，夏數得天，若火作，其四國當之，在宋衛陳鄭乎，宋，大辰之虛也，陳，大皞之虛也，鄭，祝融之虛也，皆火房也，星孛天漢，漢，水祥也，衛，顓頊之虛也，故爲帝丘，其星爲大水，水火之牡也，其以丙子若壬午作乎，水火所以合也，若火入而伏，必以壬午，不過其見之月，鄭禆灶言於子產曰，宋衛陳鄭，將同日火，若我用瓘斝玉瓚，鄭必不火。」子產弗與。

〔註16〕如在《淮南子·時則訓》、《呂氏春秋》與《禮記·月令》中皆有敘述。

所謂不慎，乃是在於引動且加強本不歸屬或合適於時令的力量。因此，如何調和加強合於時節的力量，是屬於樂的範疇與作用，而至於如何謹慎而有效節制不適當的力量則是於禮的課題。古人所以禮樂並稱且又使二者相互涵攝而非對立，其為此用意之一。是故稱「禮主其誠……禮滅而進」，就是因為禮之主要在使人自我行為上的節制，進而了解節制的意義，同時不影響自然。因此在制禮之時，當然的首重節制之意，如「則上之制禮也節矣」、「是故先王之制禮也以節事」。〔註17〕如果未注重節制，進而干擾天地，便會「風雨不節則饑」，而在行事上也會成為「事不節則無功」。而如果能善制且行禮，則能將之達到完善的境地，合乎天地之規律且不踰越，即是「大禮與天地同節」了。〔註18〕

因此干擾必造成災異，而在《禮記・月令》、《呂氏春秋》、《淮南子・時則訓》皆明言紀錄災異所呈現的各種狀況如下表：〔註19〕

孟春	行夏令，風雨不時，草木旱落，國乃有恐。行秋令，則其民大疫，飄風暴雨總至，黎莠蓬蒿並興。行冬令，則水潦為敗，雨霜大雹，首稼不入。
仲春	行秋令，其國大水，寒氣總至，寇戎來征。行冬令，則陽氣不勝，麥乃不熟，民多相殘。行夏令，則其國氣早來，蟲螟為害。
季春	行冬令，寒氣時發，草木皆肅，國有大恐。行夏令，則民多疾疫，時雨不降，山陵不登。行秋令，則天多沈陰，淫雨早降，兵革並起。
孟夏	行秋令，苦雨數來，五穀不滋，四鄰入保。行冬令，則草木早枯，後乃大水，敗壞城郭。行春令，則蝗蝗為敗，暴風來格，秀草不實。
仲夏	行冬令，雹霰傷穀，道路不通，暴兵來至。行春令，則五穀不孰，百螣時起，其國乃饑。行秋令，則草木零落，果實蚤成，民殃於疫。
季夏	行春令，穀實解落，多風欬，民乃遷徙。行秋令，則丘隰水潦，稼穡不孰，乃多女災。行冬令，則風寒不時，鷹隼蚤摯，四鄙入保。
孟秋	行冬令，陰氣大勝，介蟲敗穀，戎兵乃來。行春令，則其國乃旱，陽氣複還，五穀無實。行夏令，則冬多火災，寒暑不節，民多瘧疾。
仲秋	行春令，秋雨不降，草木生榮，國有大恐。行夏令，則其國乃旱，蟄蟲不藏，五穀皆複生。行冬令，則風災數起，收雷先行，草木蚤死。

〔註17〕見《禮記・樂記》、《禮記・禮器》。
〔註18〕以上見《禮記・樂記》。
〔註19〕因為三書所載內容大致相同，故其他二書內容附於附錄。

季秋	行夏令，其國大水，冬藏殃敗，民多鼽窒。行冬令，則國多盜賊，邊竟不寧，土地分裂。行春令，則暖風來至，民氣解惰，師旅並興。
孟冬	行春令，凍閉不密，地氣發洩，民多流亡。行夏令，則多暴風，方多不寒，蟄蟲複出。行秋令，則雪霜不時，小兵時起，土地侵削。
仲冬	行夏令，其國乃旱，氛霧冥冥，雷乃發聲。行秋令，則其時雨水，瓜瓠不成，國有大兵。行春令，則蟲螟爲敗，水泉鹹竭，民多疾癘。
季冬	行秋令，白露早降，介蟲爲妖，四鄙入保。行春令，則胎夭傷，國多痼疾，命之日逆。行夏令，則水潦敗國，時雪不降，冰凍消釋。

　　而古代著作之所以列出災異，其動機應並非出於恫嚇君王或統制階層，進而使其信服之意。其最初本意應是出於提醒爲政者，必須不可於（該時節）行使不合時宜之事。而列出各種災異的狀況，應是希冀於某時節之災異發生之時，可以用來反向檢討並發現出是否存在著某種不合時節的舉措與政令。畢竟，新出政令隨朝代更替而頒行者所在多有，雖於未頒之際或有討論，但是新政令於五行四時十二月則經常是歸屬不明。若是政令已經頒布而出現諸等災異，則可以將災異所呈現之狀況與典籍所錄者相互參校，於參校之後則可得知引起災異之政令歸屬爲何；知其歸屬便可先行撤回政令，而及至適當之時節再行頒布。其施政之目的雖然稍微延後，然於其後亦可達成政令之目的。如此既不干天地和諧之態，亦可得政通人和之效。

　　而作爲治理天下之君王，除了不可引起災異之外，亦自是順承天命與致天地之和的首要表徵，所以因循時制所行之禮樂，自然是不可忽略，且必須合於時制，因此其日、音、律、數、味、衣、乘、服、旗等皆應和於天地，因「播五行於四時」（《禮記・禮運》）之意，所以天子禮制是以五行規範，其表列如下：

《呂氏春秋》

	天子居位	日	音	律	數	味	衣	服	器	乘
孟春	青陽左個	甲乙	角	太蔟	八	酸	青衣	青玉	疏以達	蒼龍
仲春	青陽太廟	甲乙	角	夾鍾	八	酸	青衣	青玉	疏以達	蒼龍
季春	青陽右個	甲乙	角	姑洗	八	酸	青衣	青玉	疏以達	蒼龍
孟夏	明堂左個	丙丁	徵	仲呂	七	苦	赤衣	赤玉	高以觕	赤騮

	天子居位	日	音	律	數	味	衣	服	器	乘
仲夏	明堂太廟	丙丁	徵	蕤賓	七	苦	朱衣	赤玉	高以觕	赤騮
季夏	明堂右個	丙丁	徵	林鐘	七	苦	朱衣	赤玉	高以觕	赤騮
孟秋	總章左個	庚辛	商	夷則	九	辛	白衣	白玉	廉以深	白駱
仲秋	總章太廟	庚辛	商	南呂	九	辛	白衣	白玉	廉以深	白駱
季秋	總章右個	庚辛	商	無射	九	辛	白衣	白玉	廉以深	白駱
孟冬	玄堂左個	壬癸	羽	應鍾	六	鹹	黑衣	玄玉	宏以弇	鐵驪
仲冬	玄堂太廟	壬癸	羽	黃鍾	六	鹹	黑衣	玄玉	宏以弇	鐵驪
季冬	玄堂右個	壬癸	羽	大呂	六	鹹	黑衣	玄玉	宏以弇	鐵驪

〔註20〕

《淮南子・時則訓》

	天子居位	方位	日	音	律	數	味	衣	乘	服	旗
孟春	青陽左個	東方	甲乙	角	太蔟	八	酸	青衣	蒼龍	蒼玉	青旗
仲春	青陽太廟	東方	甲乙	角	夾鍾	八	酸	青衣	蒼龍	蒼玉	青旗
季春	青陽右個	東方	甲乙	角	姑洗	八	酸	青衣	蒼龍	蒼玉	青旗
孟夏	明堂左個	南方	丙丁	徵	仲呂	七	苦	赤衣	赤騮	赤玉	赤旗
仲夏	明堂太廟	南方	丙丁	徵	蕤賓	七	苦	赤衣	赤騮	赤玉	赤旗
季夏	明堂右個	中央	戊己	宮	百鍾	五	甘	黃衣	黃騮	黃玉	黃旗
孟秋	總章左個	西方	庚辛	商	夷則	九	辛	白衣	白駱	白玉	白旗
仲秋	總章太廟	西方	庚辛	商	南呂	九	辛	白衣	白駱	白玉	白旗
季秋	總章右個	西方	庚辛	商	無射	九	辛	白衣	白駱	白玉	白旗
孟冬	玄堂左個	北方	壬癸	羽	應鍾	六	城	黑衣	玄驪	玄玉	玄旗
仲冬	玄堂太廟	北方	壬癸	羽	黃鍾	六	城	黑衣	鐵驪	玄玉	玄旗
季冬	玄堂右個	北方	壬癸	羽	大呂	六	城	黑衣	鐵驪	玄玉	玄旗

〔註20〕因爲《春秋繁露》與《淮南子》所載內容大致相同，故內容置於附錄。

《禮記・月令》

	天子居位	日	音	律	數	味	衣	服	器	乘
孟春	青陽左個	甲乙	角	太蔟	八	酸	青衣	青玉	疏以達	倉龍
仲春	青陽太廟	甲乙	角	夾鍾	八	酸	青衣	青玉	疏以達	倉龍
季春	青陽右個	甲乙	角	姑洗	八	酸	青衣	青玉	疏以達	倉龍
孟夏	明堂左個	丙丁	徵	中呂	七	苦	赤衣	赤玉	高以粗	赤騮
仲夏	明堂太廟	丙丁	徵	蕤賓	七	苦	赤衣	赤玉	高以粗	赤騮
季夏	明堂右個	丙丁	徵	林鐘	七	苦	赤衣	赤玉	高以粗	赤騮
中央土	大廟大室	戊己	宮	黃鐘	五	甘	黃衣	黃玉	圜以閎	黃騮
孟秋	總章左個	庚辛	商	夷則	九	辛	白衣	白玉	廉以深	白駱
仲秋	總章太廟	庚辛	商	南呂	九	辛	白衣	白玉	廉以深	白駱
季秋	總章右個	庚辛	商	無射	九	辛	白衣	白玉	廉以深	白駱
孟冬	玄堂左個	壬癸	羽	應鍾	六	鹹	黑衣	玄玉	宏以弇	鐵驪
仲冬	玄堂太廟	壬癸	羽	黃鐘	六	鹹	黑衣	玄玉	宏以弇	鐵驪
季冬	玄堂右個	壬癸	羽	大呂	六	鹹	黑衣	玄玉	宏以弇	鐵驪

　　此三者主張大略相同，其異在於《淮南子・時則訓》較另二者多「方位」與「旗色」，而《呂氏春秋》與《禮記》較《淮南子》多一「禮器」。而《呂覽》又與另二者不同處在於不將中央土置於四時十二月之中。〔註21〕就此三表可知戰國時期之末的《呂覽》反最樸實反應出由空間性的圓周往復象徵天道循環，而《禮記》與《淮南子》為符合五行概念，而配以中央土，將空間性與時間性表徵作強度連結；然《淮南子》為置中央土，其戊己日置入季夏，而使丙丁日少於甲乙、庚辛、壬癸日的次數，且反與其〈天文訓〉中所言的

〔註21〕 此觀念略同《墨子・貴義》僅言四方而言不論及中央土。原文如下：「子墨子
　　　　 北之齊，遇日者。日者曰：『帝以今日殺黑龍於北方，而先生之色黑，不可以
　　　　 北。』子墨子不聽，遂北，至淄水，不遂而反焉。日者曰：『我謂先生不可以
　　　　 北。』子墨子曰：『南之人不得北，北之人不得南，其色有黑者有白者，何故
　　　　 皆不遂也？且帝以甲乙殺青龍於東方，以丙丁殺赤龍於南方，以庚辛殺白龍
　　　　 於西方，以壬癸殺黑龍於北方，若用子之言，則是禁天下之行者也。是圍心
　　　　 而虛天下也，子之言不可用也』」

甲乙至壬癸各七十二日不符。〔註 22〕可知《淮南子》之體系尚未於調和五行時制與四季之階段。而《禮記・月令》配戊己中央土，而未將之列於四時之中，是用中央土表達空間性之概念，而且置用戊己日表示不使時間性斷裂；但在建築上增用「大廟大室」，雖略突兀，然缺陷最少，可知其最爲晚出之體系。且《禮記》系統大量使用禮樂中具備天地陰陽之概念，進而約略彌縫五行與四季之時制差異，是以知其最爲晚出。

貳、禮樂的時空循環性到聖王之治的再現

由此可知，既然禮本身即有順承天地之意，然其所謂順承也並非只限於單向式的尊崇而與天地和同。基於「無禮不樂」（《左傳・文公七年》），以及《禮記・郊特牲》之「樂由陽來者也，禮由陰作者也，陰陽和而萬物得」，即行禮必用樂的原則。使得禮制除了有維持天地運行的意義外，也同時呈現出主動調和天地陰陽運作的向度。〔註 23〕當禮用樂，而樂用五音，即是主動將具備與天地五行相同之質與氣，以助天地陰陽五行之氣順通暢達。而「酒醴之美，玄酒明水之尚，貴五味之本也」（《禮記・郊特牲》）就是在順承天地之度時，亦不忘其具有主動調和天地象徵。而行禮及樂舞之中所著的「五色、六章、十二衣」（《禮記・禮運》）即是以天地所具之聲色調和，而其數用五亦當然法天地之數，即五行之數。

而且致和本來即是制禮的目的與價值，而節是致和的的應用與方式，如〈祭義〉所言：「天下之禮，致反始也，致鬼神也，致和用也。」因此禮在致和的目的上，與樂之本來架構不謀而合。如〈樂記〉云：

> 是故先王本之情性，稽之度數，制之禮義，合生氣之和。

而本來以和爲主的樂，其中也蘊涵而能呈現出禮的倫理秩序觀，即〈樂記〉所云：

> 道五常之行，使之陽而不散，陰而不密，剛氣不怒，柔氣不懾，四

〔註 22〕見《淮南子・天文訓》：「甲子受致，木用事，火煙青，七十二日；丙子受致，火用事，火煙赤，七十二日；戊子受致，土用事，火煙黃，七十二日；庚子受致，金用事，火煙白，七十二日；壬子受致，水用事，火煙黑，七十二日。」

〔註 23〕於《白虎通義》也有相同概念。如〈社稷〉：「太平乃制禮作樂何？夫禮樂，所以防奢淫。天下人民饑寒，何樂之乎！功成作樂，治定制禮。樂言作、禮言制何？樂者，陽也，陽倡始，故言作；禮者，陰也，陰制度於陽，故言制。樂象陽，禮法陰也。」

暢交於中而發作於外，皆安其位而不相奪也；然後立之學等，廣其
節奏，省其文采，以繩德厚。律小大之稱，比終始之序，以象事行。
　　使親疏貴賤、長幼男女之理，皆形見於樂，故曰：「樂觀其深矣」。
至此，天與地和，陰與陽和，禮與樂和，事有節而有功，藉由陰陽五行所建
構出的天地觀與禮樂政治觀，終於符合了理想中，上與神明相通，而能建立
事功的古代聖王觀，即如《尚書・大禹謨》所言：

　　帝曰：「俞！地平天成，六府三事允治，萬世永賴，時乃功。」

〔註24〕

附　錄

災厄表，《呂氏春秋》

孟春	行夏令風雨不時，草木早槁，國乃有恐。行秋令，則民大疫，疾風暴雨數至，藜莠蓬蒿並興。行冬令，則水潦為敗，霜雪大摯，首種不入。
仲春	行秋令其國大水，寒氣總至，寇戎來征。行冬令，則陽氣不勝，麥乃不熟，民多相掠。行夏令，則國乃大旱，煖氣早來，蟲螟為害。
季春	行冬令寒氣時發，草木皆肅，國有大恐。行夏令，則民多疾疫，時雨不降，山陵不收。行秋令，則天多沈陰，淫雨早降，兵革並起。
孟夏	行秋令苦雨數來，五穀不滋，四鄙入保。行冬令，則草木早枯，後乃大水，敗其城郭。行春令，則蟲蝗為敗，暴風來格，秀草不實。
仲夏	行冬令雹霰傷穀，道路不通，暴兵來至。行春令，則五穀晚熟，百螣時起，其國乃饑。行秋令，則草木零落，果實早成，民殃於疫。
季夏	行春令穀實解落，國多風欬，人乃遷徙。行秋令，則丘隰水潦，禾稼不熟，乃多女災。行冬令，則寒氣不時，鷹隼早鷙，四鄙入保。
孟秋	行冬令陰氣大勝，介蟲敗穀，戎兵乃來。行春令，則其國乃旱，陽氣復還，五穀不實。行夏令，則多火災，寒熱不節，民多瘧疾。

〔註24〕原文如下：禹曰：「於！帝念哉！德惟善政，政在養民。水、火、金、木、土、
　　　　穀，惟修；正德、利用、厚生、惟和。九功惟敘，九敘惟歌。戒之用休，董
　　　　之用威，勸之以九歌俾勿壞。」帝曰：「俞！地平天成，六府三事允治，萬世
　　　　永賴，時乃功。」

仲秋	行春令秋雨不降，草木生榮，國乃有大恐。行夏令，則其國旱，蟄蟲不藏，五穀復生。行冬令，則風災數起，收雷先行，草木早死。
季秋	行夏令其國大水，冬藏殃敗，民多鼽窒。行冬令，則國多盜賊，邊境不寧，土地分裂。行春令，則暖風來至，民氣解墮，師旅必興。
孟冬	行春令凍閉不密，地氣發泄，民多流亡。行夏令，則國多暴風，方冬不寒，蟄蟲復出。行秋令，則雪霜不時，小兵時起，土地侵削。
仲冬	行夏令其國乃旱，氣霧冥冥，雷乃發聲。行秋令，則天時雨汁，瓜瓠不成，國有大兵。行春令，則蟲螟為敗，水泉減竭，民多疾癘。
季冬	行秋令白露蚤降，介蟲為妖，四鄰入保。行春令，則胎夭多傷，國多固疾，命之曰逆。行夏令，則水潦敗國，時雪不降，冰凍消釋。

災厄表，《禮記・月令》

孟春	行夏令雨水不時，草木蚤落，國時有恐。行秋令則其民大疫，猋風暴雨總至，藜莠蓬蒿并興。行冬令則水潦為敗，雪霜大摯，首種不入。
仲春	行秋令其國大水，寒氣總至，寇戎來征。行冬令，則陽氣不勝，麥乃不熟，民多相掠。行夏令，則國乃大旱，暖氣早來，蟲螟為害。
季春	行冬令寒氣時發，草木皆肅，國有大恐。行夏令，則民多疾疫，時雨不降，山林不收。行秋令，則天多沉陰，淫雨蚤降，兵革并起。
孟夏	行秋令苦雨數來，五穀不滋，四鄙入保。行冬令，則草木蚤枯，後乃大水，敗其城郭。行春令，則蝗蟲為災，暴風來格，秀草不實。
仲夏	行冬令雹凍傷穀，道路不通，暴兵來至。行春令，則五穀晚熟，百螣時起，其國乃饑。行秋令，則草木零落，果實早成，民殃於疫。
季夏	行春令穀實鮮落，國多風咳，民乃遷徙。行秋令，則丘隰水潦，禾稼不熟，乃多女災。行冬令，則風寒不時，鷹隼蚤鷙，四鄙入保。
孟秋	行冬令陰氣大勝，介蟲敗穀，戎兵乃來。行春令，則其國乃旱，陽氣復還，五穀無實。行夏令，則國多火災，寒熱不節，民多瘧疾。
仲秋	行春令秋雨不降，草木生榮，國乃有恐。行夏令，則其國乃旱，蟄蟲不藏，五穀復生。行冬令，則風災數起，收雷先行，草木蚤死。
季秋	行夏令其國大水，冬藏殃敗，民多鼽嚏。行冬令，則國多盜賊，邊境不寧，土地分裂。行春令，則暖風來至，民氣解惰，師興不居。

孟冬	行春令凍閉不密，地氣上泄，民多流亡。行夏令，則國多暴風，方冬不寒，蟄蟲復出。行秋令，則雪霜不時，小兵時起，土地侵削。
仲冬	行夏令其國乃旱，氛霧冥冥，雷乃發聲。行秋令，則天時雨汁，瓜瓠不成，國有大兵。行春令，則蝗蟲為敗，水泉咸竭，民多疥癘。
季冬	行秋令白露早降，介蟲為妖，四鄙入保。行春令，則胎夭多傷，國多固疾，命之曰逆。行夏令，則水潦敗國，時雪不降，冰凍消釋。

第七章 結 論

第一節 陰陽五行的價值在於天道系統論及解釋工具性

　　陰陽與五行，是屬於政治思想中本來無甚相關的兩個範疇。由現今傳世的文本可知，本來陰陽的體系，是留存於《周易》的哲學系統之中。由歷史的角度來看，《周易》是由周文王所演，至周成王之時而大抵確立，〔註1〕而《周易》如同前兩代的《連山》、《歸藏》，也是屬於周代之所以可以百姓宣稱領有天命的一種政治象徵；而五行的體系，是武王問於箕子所得。這兩種不同的體系，基於周代政治在敬天崇祖的與政權繼承合法性的前提之下，在春秋時期就開始產生了交融。由《左傳》、《國語》二書大略可知，西周而至春秋初期論政之時大抵還是偏好使用陰陽之氣的概念來說明五行，再來解釋為政所需採用的措施，〔註2〕但是到了春秋中晚期，則是直接以五行來論為政之道了。〔註3〕因此可以大致推論，大抵上首重陰陽而後五行的序列在概念上並沒有更改，但是由五行論的地位無疑是更顯著而提升了。

　　既然陰陽與五行本來就是屬於古代政治觀的一環，所以二者於政治上皆有其需要性，在數百年間的傳承之中，也就逐漸的合流與變化。其理論隨著

〔註1〕據〈晉〉卦辭有言：「康侯用錫馬蕃庶。」康侯是武王之弟，於成王時為康侯。是故可知成王之時，《周易》仍有修訂編纂。
〔註2〕見《國語・周語上》〈虢文公諫宣王不籍千畝〉〈西周三川皆震〉二篇。
〔註3〕見《左傳・昭公31年》、《左傳・哀公9年》。

政治變化而逐漸更張，因而也較前代更加的嚴密與相互涵構；但也由於不斷的變化，陰陽五行自然也呈現出與前代不同的風貌。而這種不斷更新的政治理論，也變相的規範了後世的政治理論與制度。所以政治論與陰陽五行觀皆遵循著先天道而後人事的脈絡，成為相互涵攝不可分割，且相互回饋的關係。

如果仔細推敲《周易》的陰陽體系，其實與其後所發展的陰陽五行中的陰陽觀，有著極大的相異之處；前者的陰陽觀，具備了萬事萬物是由陰陽組成的觀點，而且其所稟之陰陽，有組成之先後與多寡之差異，例如由三陰三陽組成者，因其先後不同而共成二十卦，表示二十種不同的事物與概念，而由陰陽組成的先後與多寡，可共成六十四卦。〔註4〕但在秦漢之時的陰陽論，在天象是指日月，在樂是指六呂六律，在禮是指刑德，於人是生死，政治位階上則是君臣。五行也由原始的五材五味，演變成也同時具有五氣、五星、五帝、五德、五音、五色、五方的複雜且相互融合的概念，而五行的水火同時也是天文上的日月。因此在陰陽五行的系統中，其陰陽與五行不僅是融合原來的兩個不同體系而已，也把原來隸屬《周易》的陰陽世界觀大幅更改，只保留「陰陽之氣」的看法，在長期的發展與演變中，主張陰陽之氣是先於天地而生或者後於天地而發，在不同的文本中也並不一致。由於遵循精氣說的發展，水氣之精與火氣之精也是天象上的日月，因此也是陰陽了。所以陰陽之氣在宇宙發生論上的位階雖然是高於五行之氣，但在概念的解釋上反不如五行論的功用與效度。基於陰陽五行論大幅裂解《周易》的陰陽觀念，而僅僅收取其中極少部分；卻又添加了日月的天文意象，再加上不斷的強化並且建構五行論的解釋功能；是故在此可以斷言，陰陽五行論是以五行論作為主要脈絡而汲取陰陽論，所以在哲學態度上如果是先行採用《周易》的陰陽觀來試圖理解秦漢的陰陽五行論，反而是勞而少功的。

另外在陰陽五行論中，參詳各個不同文本可以發現，其理論必定奠基於一定的天文概念上而發展。也就是說，儘管各個不同學派有其各自所襲取的傳承與不同的發展脈絡，其以天象作為理論之發展的主要脈絡與基礎則是無可置疑的。

由以上可知，知天道而明人事是陰陽五行論中的重要傾向與態度；循天

〔註4〕二十卦分別為〈損〉、〈節〉、〈歸妹〉、〈泰〉、〈賁〉、〈既濟〉、〈豐〉、〈噬嗑〉、〈隨〉、〈益〉、〈蠱〉、〈井〉、〈恆〉、〈未濟〉、〈困〉、〈渙〉、〈旅〉、〈咸〉、〈漸〉、〈否〉。

道而制法度，則是不可廢除的原則。所以陰陽與五行在發展與融合的演變上，是配合政治理論的需求而變化，但也不斷的擴充意涵與弱化了其原初之本義。

　　所以在陰陽五行的系統中，既不是以《周易》的陰陽理論爲主要發展準則，也並不受限於《尚書》的五行理論。而是以天象爲理論的基礎或是基準點，其次配合以季節氣象，並採用以五行爲主、陰陽爲輔的範疇論來重新建構其宇宙觀與政治理論。

　　由於陰陽五行的系統在政治理論與宇宙生成論已是成功的建立規範與準則，但是在重新建構的同時，也樹立陰陽五行在單一範疇論上，存在著可以連結許多不同意義的開放性；但是在另一方面也呈現出，範疇與範疇之間的連結封閉性。比如五行之相生相剋，即是範疇之間的封閉性；而金星是屬金，商音也是屬金，秋季也是屬金，凡是可以在概念上相類於金者，皆可屬金，這即是範疇自身的開放性。而此種特殊的狀況，當然是當初建立陰陽五行系統時，著重其解釋性功能所發展出來的。但是陰陽五行的系統論的工具性質，卻是不影響其哲學地位的價值，主要在於陰陽五行並非爲一人一時一家所構築，因而具有解釋理論上的使用開放性；再者由於能有效的解釋天道觀，因此諸子百家皆將之置於僅次天道價值的地位。所以這也可以說明何以在《史記》、《漢書》在提及各家學說與禮樂制度時，總是在其中存在著陰陽五行的概念。另外在西方哲學中，也有類似於中國陰陽五行的哲學概念，將於下節中說明。

第二節　西方哲學中的天文、音樂與數學

　　由以上的五個篇章可以得知，陰陽五行除了是天文學意義的天體，同時也是個時空意義與自然秩序的樞紐，上古中國的時間觀，是起源於對天象或天體運動的觀察而產生的。如果先撇開天體而不論，也可以說古人對時間的認知是基於物體在空間中的變化週期而界定出來的。而上古中國所謂的曆法，則是以天體運行的週期作爲時間訂位的標準，並且紀錄相關的氣象與動植物的繁衍現象。因爲對時空定位的需要，所以數學也必須作相對應的發展。陰陽五行之說雖是以認知吉凶禍福爲發展的主要脈絡，但是因其所需而旁及發展的許多概念。如若願意細究而不先以迷信譏之，則可以發現其中具有許多值得再深思且重新評估的地方，首先是宇宙時空觀的發展，今人以之爲迷信，但是在早期西方哲學卻也是如此：

普羅克洛斯認為時間（χρ□νοε）和天（μετ'ο□ρανο□）一同產生。

一同產生，這樣兩者便會一同消失，如果他們會消失的話。〔註5〕
雖然這與上古中國將一切來自於天的時間觀約略不同，但在大體上仍然非常
相似。而以物體的變化週期來劃分時間，至今仍是現代物理學所採用的方式：

One second is the time occupied by, 192, 631, 770 vibrations of the light

（of a specified uavelength）emitted by a cesium-133 atom.〔註6〕

即是以銫原子133的震動週期為準，經過9，192，631，770次所需的時間稱
作一秒。儘管現代所採行的劃分法遠較古代嚴謹許多，進行觀測而成為界定
標準的對象也並不相同，但還是運用相同的法則在進行界定時間。因此可知，
如果願意變換視域的話，在此仍舊能夠以之了解人類認知世界的知識論意
義，其實人類之所以能認識時間，並非是時間可以為人所直接觀察，而是透
過現象的變化而產生，及至二十世紀，科學仍在反覆處理如何界定時間的問
題，〔註7〕沒有依據的標準，人類不能透過嚴謹的方式認知事物，更不能以簡
馭繁的來處理安排事物，當然更遑論安排自身了，尤其以古代而言，尋求自
然的秩序是其生存的首要與必然，所謂的分類是以其所能知識架構來安排所
知現象，二分法概念同樣見於西方哲學的三個隸屬於第一原理的定律，如其
中的矛盾律與排中律，在此不需多作贅言。〔註8〕而五行所偏好使用的五分
法，也並非中國哲學之所獨有。例如普羅塔克在《論德爾斐的E》也有同樣觀
點：〔註9〕

〔註5〕 馬特（François Mattéi）著，劉小楓、甘陽主編《柏拉圖與神話之鏡》（上海：
華東師範大學出版社，2008年），頁277。

〔註6〕 David Halliday ＆ Rbert Resnick, Fundamentals of Physics, ,3rd edition（N.Y.:
Wiley, 1988），pp. 6.

〔註7〕 愛因斯坦（Albert Einstein）的相對論（Relativity）中，說明時間的流動會隨
著運動速度而變化。相關請見 A. P. French, Special Relativity,（MIT, 1968），
pp.105～108。

〔註8〕 請參見曾仰如編著，《形上學》，（台北：台灣商務印書館，1991年），第二章
〈第一原理分論〉頁50～55。

〔註9〕 馬特（François Mattéi）著，劉小楓、甘陽主編《柏拉圖與神話之鏡》上海：
華東師範大學出版社，2008年），頁118～119。普羅塔克表示：數字5這個
至高無上的數字在宇宙中具有如此重要性。在《羅馬問題》中也再次提到：3
是一個奇數，2是一個偶數，兩者相結合，好比一男一女，就形成了數字5。
在古羅馬的婚宴上，人們永遠只點五個火把，並請求五個神靈，即丘比特、
朱諾、維納斯、說服女神和庇護分娩人的狄安娜來保護新婚夫婦。

數字 5 的標記對於任何事物而言都是有益有效的，因此，古代賢人
用 pembazein（五分）來表述「算數」的意思。

而在五行說中，土是其數用五而居中央，更令人詫異的是在西方哲學論及數
字時也有非常類似的觀點。如普羅克洛斯還把 5 說成是正義之數：

5 是正義的神聖象徵，5 是唯一能夠平分從 1 到 9 的數字，這樣的正
義與不合理的事物全然無關。〔註10〕

而他在注疏柏拉圖的理想國時，有個簡直可以稱爲西方式的陰陽五行論的觀
點了：

地球有五個圈，即北極圈、南極圈、北迴歸線、南迴歸線、和正中
間的赤道線。在行星方面，日月與五大行星區分開，因後者具有獨
立的發展軌道。在形狀方面，數字 5 通過五個基本組成元素和五個
中心武裝宇宙。〔註11〕

另外在陰陽五行的觀念中，音樂與天文有著緊密相關度，及至近代則對之大
加譏評。如中國音樂史的作者王光祈先生有言：

音律之數，以五爲限之故，當與當時陰陽五行等迷信，有若干關係。
中國後世言律之人，除極少數例外，多以陰陽五行爲大本營；誠然
穿鑿附會，令人討厭。但民初思想，不能超出陰陽五行等等迷信，
卻是一種事實，爲研究人類學者所公認。不過當時彼等陰陽五行思
想，尚不若後世之周密複雜而已。〔註12〕

而鄺芷人先生基於不以評價爲學術的研究中立態度，提出異議：

王先生的《中國音樂史》一書，是一本極具功力及科學性的著作，
但是，王先生把陰陽五行視之爲「迷信」，此說出於梁任公……。中
國古代的人多方面採用了陰陽五行的概念以解釋事象，這是一項事
實，但是，若只把這種思想視之爲「迷信」這就等於把這種思想輕
而易舉地一筆勾銷。陰陽五行其實是一種系統性的思想架構，並且
在以往的中國人眼中是一個具有極廣泛普遍意義的系統架構。問題
是：這樣的系統架構有何意義（功能）呢？是否正確？其效用如

〔註10〕馬特（François Mattéi）著，劉小楓、甘陽主編《柏拉圖與神話之鏡》上海：
華東師範大學出版社，2008 年），頁 191。

〔註11〕同上註，頁 118～119。

〔註12〕王光祈，《中國音樂史》（台北：中華書局，1956 年），頁 7～8。

> 何？……然而，如果把這種系統性的思想只以「迷信」二字去形容
> 它，這實在是把問題過於簡化。〔註13〕

研究學術當然有其批判之自由與權利，但如鄺芷人先生者並非多數，再加上如梁啓超先生未深入西方哲學者眾多，自然人云亦云。若有意願對於西方哲學稍加探究，則主張陰陽五行爲迷信之學術傾向或可不必太過強烈，因爲西方文明的發源，原來也不曾跳脫他們所說的迷信：

> 亞里斯多德在他的《形而上學》中展示了一個畢達哥拉斯思想的清晰圖畫，告訴我們他是如何以數字的純粹原則中得到其物理世界的的圖景，最爲重要的是，這些原則是如何由音樂表現的：

> > 畢達哥拉斯派的學者，人們這樣稱呼他們，致力於數學；他們是最早推進這項研究的人，並在這項研究中長大，他們認爲其原則是一切事物的原則。因爲這些原則中數字實質上是第一位的，他們好像看到了很多與存在的和誕生的事物的類似；還是因爲他們說音樂音階的屬性和比例是用數字表現的；因爲全部其他事情就其全部自然本性來說似乎也都是模仿數字的，而數字似乎是整個自然中第一位的事情，他們以爲數字要素便是一切事情的要素，整個天堂便是一個音樂音階和一個數字。〔註14〕

在這裡的畢達哥拉斯，雖然提到了天堂，卻好像還是一個以數學邏輯開展人類理性思考的數學家兼哲學家。可是在柏拉圖與亞里斯多德的許多著作中，其學派的主張除了與中國陰陽五行預知吉凶禍福的目的不同之外，其實在對音樂、數學與天文學彼此之間的緊密關係，大致無貳。如：

> > 我們可以大膽的說，眼睛爲觀察天文運動而造就，耳朵爲聆聽和聲運動而造就，天文學與和聲學就像兩兄弟，這是畢達哥拉斯主義者的主張；〔註15〕

> > 我們剛才在談論和聲的時候提到的那些人。他們的方法與天文學家的方法完全對應，因爲他們要找的數就在那些可以聽見的和聲之中。〔註16〕

〔註13〕鄺芷人，《陰陽五行及其體系》（台北：文津出版社，1992年），頁152。

〔註14〕詹姆斯（Jamie James）著，李曉東譯，《天體的音樂》（長春：吉林人民出版社，2003年），頁27。

〔註15〕柏拉圖，《國家篇》，7.530D.

〔註16〕Ibid. 7.531B.

亞里斯多德的《論天國》也提到畢達哥拉斯學派的學者相信：

> 那種規模的天體的運動一定產生雜音，因為在我們地球上在體積上
> 和速度上都很小的物體的運動都有那樣的效果。另外他們說，當太
> 陽與月亮和在數量上和規模上都如此之大的所有的星星都以如此快
> 的速度運動的時候，他們怎麼會不產生一個非常大的聲音呢？從這
> 個觀點和他們的速度，像他們的距離所衡量的一樣，和音樂的一致
> 是同樣的比率觀察的出發點，他們宣稱，星星的循環運動所發出的
> 聲音是一種和諧。〔註17〕

在此與陰陽五行的音樂和諧論相比對，兩者之間存在著非常高的相似度。〔註18〕何以在西方仍是哲學，而在近代中國不以哲學態度處理而尋求其中的意義？

　　如果在此不去理會陰陽五行的五分法所導致的五音觀念，也把中西古代的天文觀念與音樂的發展相互切割。其實利用陰陽五行所發展的五音觀念，不僅符合數學與物理性質，也與西方樂理的主張相同：

> 不算八度音律（Do1-Do2），五度就是基本音律，整個音階乃至音調
> 順序都建立在這個基礎上。在自然和聲系列裡，三個最基本的和聲，
> 即八度音（Do-Do）、空五度音（quinte a vide）（do-sol）和完美的三
> 大和弦（do-mi-so）其優先性與純物理原因有關。這就解釋了，在以
> 古希臘聲學發現為基礎的西方音樂裡，音階上的基本音級是第一
> 級，即主音（此處為Do），和第五級，即屬音（此處為Sol）整個音
> 階因此以主音與八度音（Do1-Do2）為兩級，以屬音（Sol）（恰恰位
> 於主音的一個五度音上）為中軸。另外我們還之到古希臘人從 Do

〔註17〕 詹姆斯（Jamie James）著，李曉東譯《天體的音樂》（長春：吉林人民出版社，2003年），頁35。

〔註18〕 實際上，西方科學早年也存在著相似的觀點。例如在克卜勒（Johannes Kepler）看來，「天體的運動就只是一些聲音組成的連續性音樂，它只能心領神會，而無法耳聞。」在《宇宙和諧》（The Harmonies of world，台灣版本譯名為《世界的和諧》）中，他聲稱已記下每個行星繞著太陽運行，其速度與距離變化時所產生的音調。在必要的地方，他就將這些音調轉換配上五線譜；例如，他認為土星的音調比木星的低得多。請參見 Michael Hoskin 著，江曉原譯，《劍橋插圖天文史》（台北：如果出版社，2008年）第五章，從幾何學到物理學：天文學的轉變，頁101。台灣版本請參照克卜勒（Johannes Kepler）著，霍金（Stephen Hawking）編，張卜天譯《世界的和諧》（台北：大塊文化，2005年）第五、六、七、九章。其中大量地論述行星與音樂之間的關係。

開始排列十二個自然降五度音，音律為 3／2。相反，十二自然升五度音則是 2／3。變音因而必須遵循五度循環（Cycle des quintes）：

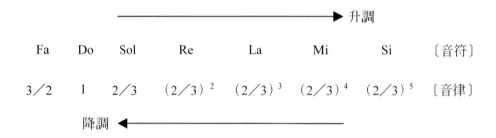

這一恆常不變的結構，由古希臘的理論家們發現，並從 17 世紀西方音樂開始得到系統化，從此被稱為「五度循環」。五度循環不僅支配古典音樂的和聲銜接，甚至還影響現代爵士樂（降五度循環）這一規律在世界上具有普遍性。〔註19〕

由此可知，傳統的陰陽五行之說本有其所以依據之道理與觀點，也並非完全的是空泛之說，它顯然是依憑著許多現象而來，然後收羅而歸納成為一個龐大的哲學體系。此歸納而成的龐大系統自然不可能在知識論上允許不可演繹的狀況，為了概念的整合與演繹上的方便，或許不可避免的產生概念與概念、以及概念與現象的過度聯結，或是某些連結上的關鍵太過曲折隱微，如五音與三分損益律的問題，將於下節討論。

第三節　音樂、天象與政治

有關三分損益律的紀載，主要是在兩部古代著作：

《管子‧地員》：「凡聽徵如負豬豕，覺而駭。凡聽羽如鳴馬在野，凡聽宮如牛鳴窌中，凡聽商如離群羊，凡聽角如雉登木以鳴，音疾以清。凡將起五音，凡首，先主一而三之。四開以合九九，以是生黃鐘小素之首以成宮，三分而益之以一，為百有八，為徵，不無有三分而去其乘，適足，以是生商，有三分

〔註19〕馬特（François Mattéi）著，劉小楓、甘陽主編《柏拉圖與神話之鏡》上海：華東師範大學出版社，2008 年），頁 32～33。

> 而復於其所，以是成羽，有三分去其乘，適足，
> 以是成角。」

《史記・律書》：「律數：九九八十一以爲宮。三分去一，五十四以
　　　　　　　　爲徵。三分益一，七十二以爲商。三分去一，四
　　　　　　　　十八以爲羽。三分益一，六十四以爲角。」

由於前者主張先益後損，後者卻主張先損後益，但是兩者卻都是徵音，在此引用酈芷人先生的研究整理：

音名	倍徵 （sol）	倍羽 （la）	宮 （do）	商 （re）	角 （mi）	徵 （sol）	羽 （la）
律數	108	96	81	72	64	54	48
管子五音	徵	羽	宮	商	角		
史記五音			宮	商	角	徵	羽

　　根據物理學定律可以得知，在相同的速度下，波長與頻率成反比[註20]，聲音的頻率越大，在聽覺上就是越高的聲音。因此，表上的數字越大就是波長越長，也就是頻率越小的低音；反之，數字越小就是越高的音。所以先益後損是得出較宮音更低的徵音（即倍徵），先損後益則是得出比宮音高的徵音。按照現代音樂的說法，倍徵雖然數字是徵音的兩倍，其實是徵音的低八度音，也就是更低的徵音。在上節中有提到：

> 音階上的基本音級是第一級，即主音（此處爲 Do），和第五級，即
> 屬音（此處爲 Sol）整個音階因此以主音與八度音（Do1-Do2）爲兩
> 級，以屬音（Sol）（恰恰位於主音的一個五度音上）爲中軸。

以此對照來看，可知宮爲主音，是一個八度音階的起始，徵音則爲音階的中軸。所以倍徵是低中軸音，而徵音是高中軸音。就樂理來論，兩者除了得出差八度的高低音之外，其實並沒有任何的錯誤。《管子・地員》的生音法，是用宮音爲中心上下迴旋而出，《史記・律書》的生音法，則是以宮音爲邊界起始點，迴旋而起出高於宮音的音值：

〔註20〕 v（wave speed）＝λ（wave length）ν（frequency）。David Halliday ＆ Robert
　　　　Resnick, Fundamentals of Physics, 3rd edition（N.Y.: Wiley, 1988），pp.394～396.

《管子‧地員》的生音法

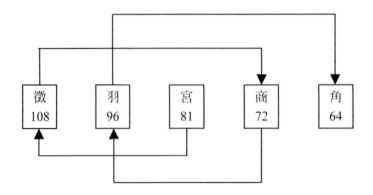

徵 108　　羽 96　　宮 81　　商 72　　角 64

《史記‧律書》的生音法

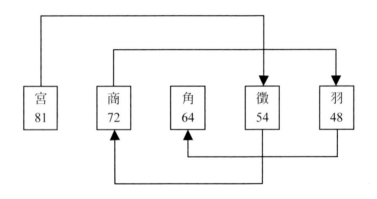

宮 81　　商 72　　角 64　　徵 54　　羽 48

　　所以只單純的用樂理來論，《史記‧律書》很明顯的是以宮音起始而不斷的找出更高音階，因此如要找出低於宮音的音階，就必須排列完畢所有的高音之後，降低八度的定位出來。而《管子‧地員》的方式則是不須如此，可以直接找出有高有低的音位。

　　所以鄺芷人先生也指出：

> 管子書的五音律數與史記的五音律數雖有差異，但兩者卻互為一致。因為管子書的徵音是從宮的律數八十一中的「三分益一」而得，結果便成為是低八度的徵音，而史記則從宮的律數藉著「三分損一」而得徵音的律數。〔註21〕

〔註21〕鄺芷人，《陰陽五行及其體系》（台北：文津出版社，1992年）頁156。

但是鄺芷人先生又點出問題：

> 現在進一步的問題是，這些律數是以甚麼爲單位？管子書及史記對
> 此皆沒有交代。因此對於律數的長度單位問題，我們只能在此提出
> 合理的猜測。無論史記及管子書，在論及五聲的律數時（律管長度）
> 皆從宮音的「九九」之數出發，管子謂「四開以合久久」，而史記則
> 謂「九九八十一以爲宮」。然而何故特別以「九九」來表示八十一的
> 律數呢？「九九」二字必然具有特別意義，絕非隨便信口開河。撰
> 者以爲「九九」二字極可能涉及長度單位問題。古制中：偶以縱黍
> 九粒爲一寸，按照這個意義，則「九九」中前一個「九」字可能就
> 是指「九黍」，亦即指一寸，後一「九」字爲倍數（即九粒黍之九倍）
> 這樣「九九」爲八十一黍以「縱」向排列出來的長度，也就是「九
> 吋」之意。如果這個解釋正確，那麼宮音的律管長度便是九吋，其
> 餘四聲的律數除以 9 便得。如果以一黍的縱向長度爲單位，那麼81、
> 72 等律數便是以黍的縱向長度而言。漢書律歷志謂：五聲之本，生
> 於黃鐘之律。九寸爲宮，或損或益，以定商、角、徵、羽。可見上
> 述解釋之結果乃是合乎漢書之說。〔註22〕

九粒黍爲一寸，九粒黍的九倍則是九寸，這樣的解釋合乎「黃鐘之宮」爲九
寸的記載。但是參照《管子・地員》所說宮音是「生一而三之，四開以爲九
九」就產生了歧義，《管子・地員》分明是用一乘三而得三，然後用三自乘四
次（即三的四次方），而得出八十一之數。這些數字的確是沒有附上單位來表
示長度，也就是說這些數字根本不是表示長度，如果將《管子・地員》的敘
述使用現代數學的方法，可以寫成：

宮：$1 \times 3^4 = 81$　　徵：$81 \times 4／3 = 108$　　商：$108 \times 2／3 = 72$

羽：$72 \times 4／3 = 96$　　角：$96 \times 2／3 = 64$

再把《史記・律書》的記載用現代數學改寫，就成爲：

宮：81　　徵：$81 \times 2／3 = 54$　　商：$54 \times 4／3 = 72$

羽：$72 \times 2／3 = 48$　　角：$48 \times 4／3 = 64$

在宮數爲八十一的狀況下，一下子乘三分之二，一下子乘三分之四，而這些

〔註22〕鄺芷人，《陰陽五行及其體系》（台北：文津出版社，1992 年）頁 156～157。

數字都仍然保持是正整數，如果宮數不是八十一的話，乘出來的數字就是不盡除的分數或者帶有小數點的數字了。因此可以知道，宮數爲八十一是方便用數學找出音值與音值之間比例的設定。所以所謂的五音，本來就不是絕對的音值，如北宋沈括的《夢溪筆談》：

> 史記律書所論二十八舍、十二律，多皆臆配，殊無義理。至於言數，亦多差舛。如所謂律數者，八十一爲宮，五十四爲徵，七十二爲商，四十八爲羽，六十四爲角，此止是黃鐘一均耳，十二律各有五音，豈得定以此爲律數？如五十四，在黃鐘則爲徵，在夾鐘則爲角，在中呂則爲商。〔註23〕

在本論文的第四章曾提到，古代中國的音樂概念是先律而後音的，如：

> 《孟子‧離婁上》：「師曠之聰，不以六律，不能正五音。」

> 《春秋繁露‧楚莊王》：「不吹六律，不能定五音。」

用現代所採用的西方音樂來論，古代中國所謂的十二律，其實是分在兩個八度音程之中，在現代音樂中，則稱爲十二平均律：

古音十二律	史記文字	三分損益	史記數字	西方音名	十二平均律	三分損益與十二平均律偏差（％）
黃鐘	八寸十分一	81	81（更正後）	F	81	
林鐘	五寸十分四	54	54	C	54.0610	0.11
太簇	七寸十分二	72	72	G	72.1628	0.23
南呂	四寸十分八	48	48	D	48.1629	0.34
姑洗	六寸十分四	64	64	A	64.2898	0.45
應鐘	四寸二分三分二	42.6667	42.6667	E	42.9083	0.56
蕤賓	五寸六分三分二	56.8889	56.6667	B	57.2757	0.68

〔註23〕沈括著，張富祥譯注，《夢溪筆談》（北京：中華書局，2009年）。

古音十二律	史記文字	三分損益	史記數字	西方音名	十二平均律	三分損益與十二平均律偏差（％）
大呂	七寸五分三分二	75.8519	75.6667	F□	76.4538	0.79
夷則	五寸三分二	50.5679	50.6667	C□	51.0268	0.90
夾鐘	六寸七分三分一	67.4239	67.3333	G□	68.1126	1.01
無射	四寸四分三分二	44.9492	44.6667	D□	45.4597	1.12
仲呂	五寸九分三分二	59.9323	59.6667	A□	60.6814	1.23

資料來源：網路資料 http://www.tglin.idv.tw/essay/essay_lang17.htm

　　因此而論，既然十二律各有五音，又是由律而生音，所以可說：

> 史公律數，爲言十二律相互間之比例數，八十一爲宮，則五十四爲
> 徵。雖旋徧十二宮，宮徵間之比率爲九比六，永遠不變。如以五十
> 四爲宮，則三十六爲徵，仍爲九比六。〔註24〕

是以宮數八十一是方便在計算上的數學演繹方式，而且是在黃鐘律（八寸一分）中的計算數值，經過計算之後，才能確定「黃鐘之宮」的長度，在《史記・律書》有載其計算方式與結果：

> 生黃鐘術曰：以下生者，倍其實，三其法。以上生者，四其實，三
> 其法。上九，商八，羽七，角六，宮五，徵九。置一而九三之以爲
> 法。實如法，得長一寸。凡得九寸，命曰"黃鐘之宮"。故曰音始於
> 宮，窮於角；數始於一，終於十，成於三；氣始於冬至，周而復生。

而《史記・律書》在說明生黃鐘時，也順便把上生倍徵（108）的方式也記錄下來了，即

> 徵九，置一而九三之以爲法

九是徵數，九乘三是二十七，加上宮數八十一，正好就是倍徵之數，而「黃鐘之宮」是爲九寸，《漢書・律曆志》只是記載其長度，沒有附上說明。

〔註24〕邱瓊蓀，《歷代樂志律志校釋》（北京：人民出版社，1999年），頁119。

　　而「黃鐘之宮」或「宮聲」何以如此重要，首先在樂理上，它是最低的主音，其次則是與上古傳說的聖王有關，如：

　　　　《呂氏春秋・古樂》：「昔黃帝令伶倫作爲律。伶倫自大夏之西，乃
　　　　　　　　　　　　　　之阮隃之陰，取竹於嶰谿之谷，以生空竅厚
　　　　　　　　　　　　　　鈞者、斷兩節間、其長三寸九分而吹之，以
　　　　　　　　　　　　　　爲黃鐘之宮。」

　　　　《史記・律書》：「武王伐紂，吹律聽聲，推孟春以至于季冬，殺氣
　　　　　　　　　　　　相并，而音尚宮。」

正因爲有著與政治上的帝王功業（文理四方、武定天下）有關，而帝王的起居的建築也稱爲「宮」，既然帝王取得天下之後，所在之處即爲天地四方之中，以通天地而制四方，並且是發佈一切政令的起源與核心，因此在方位上，宮音就不能安排在其餘四方，只能處於中央了。又由於五與十二並無數學演算上的直接關聯，而五音與十二律的關係性，又能強烈比喻五行何以能夠分佈於一年十二個月，所以五音必配五行，但是將宮音置於中央土之時，也意味著必須將其餘四音作出安排，而這個五音的安排，在《淮南子・時則訓》及《禮記・月令》中則是無法相生按照五行方位及時節而生，甚至是顛倒混亂的：

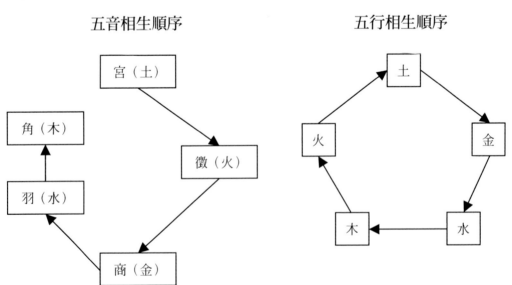

資料來源：鄺芷人，《陰陽五行及其體系》（台北：文津出版社，1992 年）頁 159。

由於五音直接配入五方五行中，在許多文獻中只有《呂氏春秋》爲最早，如果將五音相生關係納入其中來看，雖然還不盡完美，但也沒有衝突之處：

	天子居位	日	音	律
孟春	青陽左個	甲乙	角	太蔟
仲春	青陽太廟	甲乙	角	夾鍾
季春	青陽右個	甲乙	角	姑洗
孟夏	明堂左個	丙丁	徵	仲呂
仲夏	明堂太廟	丙丁	徵	蕤賓
季夏	明堂右個	丙丁	徵	林鐘
孟秋	總章左個	庚辛	商	夷則
仲秋	總章太廟	庚辛	商	南呂
季秋	總章右個	庚辛	商	無射
孟冬	玄堂左個	壬癸	羽	應鍾
仲冬	玄堂太廟	壬癸	羽	黃鍾
季冬	玄堂右個	壬癸	羽	大呂

如果由夏季、南方、丙丁開始（如《鶡冠子・環流》：斗柄東指，天下皆春，斗柄南指，天下皆夏，斗柄西指，天下皆秋，斗柄北指，天下皆冬），其空間流轉的順序是圓周，也一如北斗的斗柄轉向，中央土及戊己及宮音爲中軸，一如北極星居中不動而運使四方，因爲中軸沒有變化，自然也沒有變化周期可言，所以不是用以界定時序的參考標準。由於天象的圓周運動本來就是按照東南西北的順序次第發生，當然也沒有南方進入中央再轉入西方的狀況；由於君王南面而聽，發佈政令亦是向南，所以宮音生出的徵音就被排在南方，圖示如下：

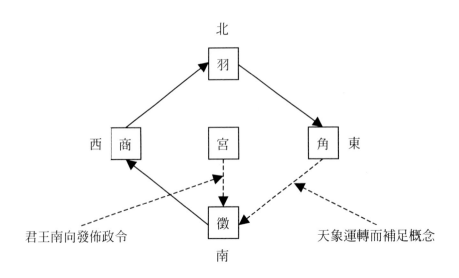

　　而呂不韋之所以制定《呂氏春秋》一書，顯然是對帝王與其政治行為有著進行規範性指導與要求的意涵。如果願意重新審視陰陽五行之說，或許可以用柏拉圖以下的論述作一個總結：

> 靈魂不朽並支配著這個物體的世界；還有我們已經講過多次的心靈支配著一切天體。他也還要擁有預備性的科學知識，以音樂為橋梁連結這些科學知識，並且把他的知識運用到他的道德和法律行為中去；他也還要能對自己接受的觀點作出合理的解釋。不具備這些才能，只擁有通常的美德，就絕不可能成為一個國家合格的執政官。

〔註25〕

〔註25〕柏拉圖，《法篇》，12.967E～968A.

參考書目

一、中文部分

凡古書今刷者，一律列爲古代著作，不論出版先後，以作者命名筆畫爲排列順序。凡古書今註者或今人所著作者，一律以出版年份的先後順序排定。民國以前一律劃爲古代，民國以來爲現代。

（一）古代著作

經部

1. 王弼、韓康伯注，孔穎達正義，《十三經周易注疏》（台灣：藝文印書館，1989 年）。

2. 孔安國傳，孔穎達正義，《十三經尚書注疏》（台灣：藝文印書館，1989 年）。

3. 左丘明撰，杜預集解，孔穎達疏，《十三經春秋左氏傳注疏》（台灣：藝文印書館，1989 年）。

4. 毛公傳，鄭玄箋，孔穎達疏，《十三經毛詩注疏》（台灣：藝文印書館，1989 年）。

5. 何晏注，邢昺疏，《十三經論語注疏》（台灣：藝文印書館，1989 年）。

6. 郭樸注，邢昺疏，《十三經爾雅注疏》（台灣：藝文印書館，1989 年）。

7. 高亨，《詩經今注》（上海：上海古籍，1982 年）。

8. 鄭玄注，孔穎達疏，《十三經禮記注疏》（台灣：藝文印書館，1989 年）。

史部

1. 左丘明，韋昭注，《國語》（上海：上海古籍出版社，1988 年）。
2. 司馬遷著，裴駰《集解》，張守節《正義》，司馬貞《索隱》，《史記》（御製重刻二十一史）（台灣：啟明書局，1959 年）。
3. 班固，《漢書》（北京：中華書局，2008 年）。
4. 趙曄撰，周生春匯考，《吳越春秋輯較匯考》（上海：上海古籍出版社，1997 年）。
5. 張雙棣等譯註，《呂氏春秋》（北京：中華書局，2007 年）。
6. 陸費逵總勘，《逸周書》、《竹書紀年》、《越絕書》（台北：中華書局，1980 年）。

子部

1. 文子，《文子疏義》（北京：中華書局，2000 年）。
2. 王先慎，《韓非子集解》（北京：中華書局，1998 年）。
3. 曹操等注，郭化若譯，《十一家注孫子》（台北：里仁，1982 年）。
4. 許慎著，段玉裁注，《說文解字》（台灣：書銘出版社，1992 年）。
5. 陳立，《白虎通疏證》（台北：中華書局，1986 年）。
6. 黃暉，《論衡校釋》（台北：中華書局，1986 年）。
7. 黃懷信，《鶡冠子匯校集注》（北京：中華書局，2004 年）。
8. 莊子，郭象注，《莊子》（台灣：藝文印書館，1973 年）。
9. 劉文典撰，《淮南鴻烈集解》（北京：中華書局，1989 年）。
10. 蘇輿撰，鍾哲校，《春秋繁露義證》（北京：中華書局，1992 年）。
11. 蔣禮鴻，《商君書錐指》（北京：中華書局，1986 年）。
12. 墨子，孫詒讓著，《定本墨子閒詁》（台灣：世界書局，1986 年）。
13. 黎翔鳳，《管子校注》（北京：中華書局，2004 年）。
14. 沈括著，張富祥譯注，《夢溪筆談》（北京：中華書局，2009 年）。

（二）現代著述

1. 丁原植主編，王博著，《簡帛思想文獻論集》（台北：台灣古籍，2002 年）。
2. 于俊德、于祖培，《先周歷史文化新探》（蘭州：甘肅人民，2005 年）。
3. 王光祈，《中國音樂史》（台北：中華書局，1956 年）。
4. 王洪軍，《鐘律研究》（上海：上海音樂學院，2007 年）。
5. 王國維，〈生霸死霸考〉《觀堂集林》（臺北，1975 年，卷一）。

6. 王毅，《中國皇權制度研究》（北京：北京大學出版社，2007 年）。

7. 中國古文字研究會、四川大學歷史系，《古文字研究　第六集》（北京：中華書局，1981 年初版 2005 年二刷）。

8. 中國古文字研究會、四川大學歷史系，《古文字研究　第七集》（北京：中華書局，1981 年初版 2005 年二刷）。

9. 丘瓊蓀校釋，《歷代樂志律志校釋　冊一》（北京：人民音樂，1999 年）。

10. 丘瓊蓀校釋，《歷代樂志律志校釋　冊二》（北京：人民音樂，1999 年）。

11. 皮埃爾‧西蒙‧拉普拉斯著，《宇宙體系論》Exposition du Système du monde）（上海：上海譯文，2001 年）。

12. 向晉衛，《《白虎通義》思想的歷史研究》（北京：人民出版社，2007 年）。

13. 江林昌，《中國上古文明考論》（上海：上海教育，2000 年）。

14. 江曉原、紐衛星《中國天文史》（上海：上海人民，2005 年）。

15. 江曉原，《天學眞原》（北京：商務印書館，2004 年）。

16. 吉聯抗輯譯，《秦漢音樂史料》（上海：上海文藝，1981 年）。

17. 阿蘭‧鄧迪思著，朝戈金等譯，《西方神話學讀本》（桂林：廣西師範大學，2006 年）。

18. 安東尼‧紀登斯著，李康、李猛譯，《社會的構成》（台北：左岸，2007 年）。

19. 李申，《中國古代哲學和自然科學》（上海：上海人民，2002 年）。

20. 李杜，《中國古代天道思想論》（台灣：藍燈文化事業股份有限公司，1992 年）。

21. 李約瑟著，范庭育譯，《大滴定──東西方的科學與社會》（台北：帕米爾書店，1987 年）。

22. 李純一，《先秦音樂史》（北京：人民音樂，2005 年）。

23. 李零，《中國方術續考》（北京：中華書局，2006 年）。

24. 任劍濤，《倫理政治研究──以早期儒學視角的理論透視》（長春：吉林出版，2007 年）。

25. 列奧‧施特勞斯著，彭剛譯，《自然權利與歷史》（台北：左岸，2005 年）。

26. 刑文編譯，《郭店老子與太一生水》（北京：學苑，2005 年）。

27. 呂思勉，《先秦學術概論》（中國大百科，1985 年）。

28. 呂思勉，《中國制度史》（上海：上海教育，2002 年）。

29. 呂振羽，《史前期中國社會研究》（石家莊：河北教育，2002 年）。

30. 呂靜，《春秋時期盟誓研究》（上海：上海古籍，2007 年）。

31. 克卜勒（Johannes Kepler）著，霍金（Stephen Hawking）編，張卜天譯《世界的和諧》（台北：大塊文化，2005 年）。

32. 班大爲著，徐鳳先譯，《中國上古史實揭密：天文考古學研究》（上海：上海古籍出版社，2008 年）。

33. 拉斯韋爾，《政治學》（紐約：麥格洛－希爾，1936 年）。

34. 金景芳、呂紹綱，《尚書‧虞夏書新解》（瀋陽：遼寧古籍出版社，1996 年）。

35. 金尚理，《禮宜樂和的文化理想》（成都：巴蜀書社，2002 年）。

36. 姜亮夫，《古史學論文集》（上海：上海古籍，1996 年）。

37. 高平子，《高平子天文曆學論著選》（臺北：中央研究院數學研究所，1987 年）。

38. 高正海、高建國、孫關龍、張秉倫著，《中國古代自然災異》（安徽：安徽教育，2002 年）。

39. 晁福林，《先秦社會思想研究》（北京：商務印書館，2007 年）。

40. 索緒爾著，高名凱譯，《普通語言學教程》（北京：商務印書館，1982 年）。

41. 徐中舒，《歷史論文選輯》（北京：中華書局，1998 年）。

42. 徐中舒，《徐中舒歷史論文選輯 上》（台北：中華書局，1998 年）。

43. 浦衛忠，《春秋三傳綜合研究》（台北：文津，1995 年）。

44. 馬德普主編，《中西政治文化論叢 第一輯》（天津：天津人民，2001 年）。

45. 馬空群，《尚書洪範五行正義》（台北：海獅，2001 年）。

46. 馬特，劉小楓、甘陽主編，柏拉圖與神話之鏡》（上海：華東師範大學出版社，2008 年）。

47. 馬承源主編，《上海博物館藏戰國楚竹書（五）》（上海：上海古籍出版社，2005 年）。

48. 陶磊，《《淮南子 天文》研究：從數術史的角度》（山東：齊魯書社，2003 年）。

49. 孫森，《夏商史稿》（北京：文物，1987 年）。

50. 威廉‧馮‧洪堡特，《論人類語言結構的差異及其對人類精神發展的影響》（北京：商務出版社，2002 年）。

51. 張秋升，《天人糾葛與歷史運演──西漢儒家歷史觀的現代詮釋》（濟南：齊魯書社，2003 年）。

52. 張一兵，《明堂制度研究》（北京：中華書局，2005 年）。

53. 張光直，《美術、神話與祭祀：通往古代中國政治權威的途徑》（遼寧教

育出版社，2002 年）。

54. 張晉藩、徐世虹，《中國法制通史　第二卷》（北京：法律出版社，1999 年）。

55. 麥克爾‧曼著，劉北成、李少軍譯，《社會權力的來源》（上海：上海人民出版社，2002 年）。

56. 陳遵媯，《中國天文學史　上》（上海：上海人民，1978 年）。

57. 陳錫勇，《宗法天命與春秋思想初探》（台北：文津，1992 年）。

58. 陳松長，《馬王堆帛書《刑德》研究論稿》（台北：萬卷樓圖書有限公司，2001 年）。

59. 陸雲逵，《中國鐘磬律學》（台北：中國文化大學，1987 年）。

60. 費正清，《劍橋中國晚清史》（北京：中國社會科學出版社，1985 年）。

61. 喬納森‧H‧納特著，邱澤奇、張茂元譯，《社會學理論的結構》（北京：華夏，2006 年）。

62. 黃亞平、孟華，《漢字符號學》（上海：上海古籍，2001 年）。

63. 莊國雄、馬擁軍、孫承叔，《歷史哲學》（上海：復旦大學，2005 年）。

64. 曾仰如編著，《形上學》，（台北：台灣商務印書館，1991 年）。

65. 雷戈，《秦漢之際的政治思想與皇權主義》（上海：上海古籍，2006 年）。

66. 雷蒙‧潘卡尼著，思竹譯，《宇宙——神——人共融的經驗》（北京：宗教文化，2005 年）。

67. 楊權，《新五德理論與兩漢政治》（北京：中華書局，2006 年）。

68. 經學今詮三篇，《中國哲學》，第二十四輯（遼寧：遼寧教育，2002 年）。

69. 詹姆斯，李曉東譯，《天體的音樂》（長春：吉林人民出版社，2003 年）。

70. 福柯等著，許寶強、袁偉選編，《語言與翻意的政治》（台北：正港，2000 年）。

71. 廖群，《中國審美文化史——先秦卷》（濟南：山東畫報，2000 年）。

72. 廖群，《中國審美文化史——秦漢魏晉南北朝》（濟南：山東畫報，2000 年）。

73. 赫治清，《中國古代災害史研究》（北京：中國社會科學，2007 年）。

74. 潘玉坤，《西周金文語序研究》（上海：華東師範大學，2005 年）。

75. 劉昭民，《中國歷史上氣候之變遷》（台北：商務印書館，1994 年）。

76. 劉昭民編著，丁有存訂正，《中華天文學發展史》（台北：商務印書館，1985 年）。

77. 劉漢堯等，《彝族文化研究論文集》（雲南：雲南人民出版社，1985 年）。

78. 盧央，《易學與天文學》（台北：大展，2005 年）。

79. 魯道夫・阿恩海姆著，滕守龍譯，《視覺思維——審美直覺心理學》（四川：四川人民，2001 年）。

80. 蔡仲德，《中國音樂美學史》（北京：人民音樂，2000 年）。

81. 謝謙，《中國古代宗教與禮樂文化》（四川：四川人民出版社，1996 年）。

82. 默頓著，唐少杰等譯，《社會理論和社會結構》（南京：譯林出版社，2006 年）。

83. 蕭公權，《中國政治思想史》（台北：中國文化大學，1982 年）。

84. 霍斯金（Michael Hoskin）著，江曉原譯，《劍橋插圖天文史》（台北：如果出版社，2008 年）。

85. 龐樸，〈竹帛《五行》篇校注及研究〉（台北：萬卷樓圖書有限公司，2000 年）。

86. 魏慈德，《中國古代風神崇拜》（台北：台灣古籍，2002 年）。

87. 鄺芷人，《陰陽五行及其體系》（台北：文津出版社，1992 年）。

88. 寶雞市社科聯，《姜炎文化論》（西安：三秦，2001 年）。

89. 顧頡剛編著，《古史辨》（海南：海南出版社，1945 年）。

（三）期刊

1. 王健文，〈兩漢律令與國家正當性——以律令中的「不道」為中心〉，《新史學》，第 3 卷第 3 期（台北：三民，1992 年）。

2. 王繼訓，〈先秦秦漢陰陽五行思想之探析〉，《管子學刊》，第 1 期，2003 年。

3. 田延峰，〈漢王朝的正統地位與炎帝傳說的流變〉，寶雞市社科聯，《姜炎文化論》（西安：三秦，2001 年）。

4. 白奚，〈中國古代陰陽與五行說的合流——《管子》陰陽五行思想新探〉，《中國社會科學》，第 5 期，1997 年。

5. 李念莉，〈陰陽結構探微〉，《漢中師範學院學報》，第 4 期，1999 年。

6. 刑義田，〈月令與西漢政治——從尹灣集簿中的「以春令成戶說起」〉，《新史學》，第 9 卷第 1 期，1998 年。

7. 刑玉瑞，〈陰陽五行學說與原始思維〉，南京中醫藥大學學報（社會科學版）3 月第 1 期，2004 年。

8. 成中英，〈易經哲學中的易與氣〉《哲學門》第 14 期，2006 年。

9. 沈冬，〈先秦律學考〉《臺大中文學報》4 期，1991 年。

10. 汪義麗《帛書《五行篇》思想研究》，台北：中國文化大學文學研究所博士論文，1994 年。

11. 金春峰，〈《周官》與秦文化雜考〉，《新史學》，第 2 卷第 2 期，1991 年。

12. 邵鴻，〈張家山漢墓古竹書《蓋廬》與《伍子胥兵法》〉，《南昌大學學報（人社版）》，第 33 卷第 2 期，2002 年 4 月。

13. 郭國泰，《秦漢思想中有關「陰陽」「五行」之探討》，台北：東吳大學中國文學研究所博士論文，2007 年。

14. 馬克，〈先秦歲曆文化及其在早期宇宙生成論中的功用〉《文史》第 75 期，2006 年。

15. 馬絳，〈神話、宇宙觀與中國科學的起源〉，艾蘭、汪濤、范毓周主編，《中國古代思維模式與陰陽五行說探源》（南京：江蘇古籍出版社，1998 年）。

16. 郜積意，〈劉歆之學及後世的評述〉，《國學研究》，第 19 卷，2007 年。

17. 徐克謙，〈陰陽五行學說：中國古代的宇宙解釋系統〉，《南京理工大學學報》，第 12 卷第 4 期，1999 年。

18. 陳良佐，〈《日書》與秦漢時代的吏治〉，《新史學》，第 2 卷第 2 期，1991 年。

19. 陳良佐，〈從春秋到兩漢我國古代的氣候變遷——兼論《管子·輕重》著作的年代〉，《新史學》，第 2 卷第 1 期，1991 年。

20. 陳久金〈夏小正是十月太陽曆〉，《自然科學史研究》第 1 卷第 4 期，1982 年。

21. 陳寧，〈漢晉時其思想界的命運觀〉，《新史學》，第 8 卷第 4 期，1997 年。

22. 馮樹勳，〈中國陰陽五行的「家族相似」結構——先秦到西漢中葉〉，《漢學研究》第 27 卷第 2 期，2009 年。

23. 武占江，〈四時與陰陽五行——先秦思想史的另一條線索〉，《河北師範大學學報》第 26 卷第 3 期，2003 年。

24. 孫湘云，〈天人感應的災異觀與中國古代救災措施〉，《中國典籍與文化》，第 25 卷第 5 期，2003 年。

25. 孫廣德，《先秦兩漢陰陽五行說的政治思想》，台北：國立政治大學政治學研究所博士論文，1968 年。

26. 黃啓書，〈試論劉向、劉歆《洪範五行傳論》之異同〉，《台大中文學報》第 27 期，2007 年。

27. 黃信陽，〈陰陽五行關係〉，《中國道教》，第 4 期，2002 年。

28. 曹錦炎，〈論張家山漢簡《蓋廬》〉，《東南文化》，2002 年第 9 期，2002 年。

29. 萬志毅，〈重論陰陽五行之學的形成〉，《中華文化論壇》，第 1 期，2003 年。

30. 劉增貴，〈禁忌——秦漢信仰的一個側面〉，《新史學》，第 18 卷第 4 期，

2007 年。

31. 鄭吉雄，〈中國古代形上學中數字觀念的發展〉，《臺灣東亞文明研究學刊》，第 2 卷第 2 期，2005 年。

32. 翁銀陶，〈略論先秦兩漢的陰陽五行學說〉，《內蒙古社會科學》，第 24 卷第 3 期，2003 年。

33. 鮑立德，〈儒家背景下的美德倫理學：關於自我問題〉，《哲學門》第 15 期，2006 年。

34. 趙東栓，〈陰陽五行——諸子前的「原初哲學」〉，《克山師專學報》，第 2 期，2002 年。

35. 閻步克，〈君臣通用與如王之服：《周禮》六冕的再考察〉，《國學研究》，第 19 卷，2007 年。

二、外文資料

1. Halliday, David & Resnick, Robert. Fundamentals of Physics, 3rd edition. N.Y.: Wiley, 1988.